Strade blu

Paolo Crepet

IL REATO DI PENSARE

Oltre il conformismo, esercizi di libertà

MONDADORI

Dello stesso autore
in edizione Mondadori

Baciami senza rete
Il coraggio
Passione
Libertà
Vulnerabili
Oltre la tempesta
Lezioni di sogni
Prendetevi la luna
Mordere il cielo

mondadori.it

Il reato di pensare
di Paolo Crepet
Collezione Strade blu

ISBN 978-88-04-78289-6

I edizione giugno 2025

Indice

Il reato di pensare

A Oliviero, grande amico con cui ho condiviso trent'anni straordinari della mia vita, felice di quel sentiero fatto di complicità, ironia, sguardi distanti e comuni, ma soprattutto di generosità e di bene per entrambi

La vita ha senso solo se si vive «contro».
Il conformismo uccide la creatività e finisce
per annientare l'uomo.

OLIVIERO TOSCANI

Questo libro è un cammino, uno strano e lungo viaggio attorno a una parola, a un atto, a un privilegio: il pensiero.

Il percorso che vi attende sarà suddiviso in giornate, qualcosa di simile a un diario di bordo che contiene un'immaginaria navigazione attraverso uno dei tanti mari solcati dalla prua di un'attività mentale. Riunisce tappe diverse, quanti sono gli argomenti degli indizi incontrati, delle mie riflessioni, delle letture, dei ricordi, dei tanti sogni e risvegli, a volte felici, altre amari, ma sempre produttivi, complici di un'esistenza che abbiamo scelto di seguire.

È un modo gentile per fendere insieme le onde delle associazioni di un pensiero che, pur rimanendo libero, deve essere accompagnato lungo la rotta immaginifica delle nostre facoltà e talenti. Uno spartito preso da una partitura che orchestra ritmi e figure diverse, assonanze imprevedibili, speranze.

Potete immaginare che un signore, che ha già vissuto una lunga vita, stia raccontando una storia a bambini, giovani e adulti seduti in cerchio attorno a lui.

Quel signore che parla e scrive, che legge e inventa sono io.

Non c'è che da accomodarsi su un prato infinito di bellezza e accogliere il silenzio che occorre all'arte necessaria a principiare le raffigurazioni e abbozzare gli affreschi che le nostre menti riescono a produrre. Abbiamo tutti un immenso bisogno di amorevoli inclinazioni, di guide, di illuminazioni.

Se siete pronti, possiamo iniziare il viaggio; forse non sarà lungo, ma spero che ne valga la pena.

Buona avventura.

Prima giornata

Il baratto del principe misterioso

Anche se oggi quasi nessuno crede più alle favole, e forse non le racconta nemmeno ai propri figli più piccoli, quella che state per leggere lo è. Ciascuno di voi può pensare che sia del tutto inventata oppure che, almeno in parte, racchiuda un nucleo di verità: l'importante è che l'allegoria che contiene possa essere comprensibile a chiunque. Vorrei che turbasse e scuotesse alcune certezze in cui siamo caduti per arbitrio o per stanchezza, ma che comunque dobbiamo rimettere in gioco per risvegliare la nostra salvifica consapevolezza.

Quasi sempre, le fiabe si svolgono in un tempo imprecisato e sono ambientate in luoghi di fantasia. Quella che ora racconterò non fa eccezione, ma se la leggerete fino alla fine vi accorgerete che si tratta di una metafora, che porta sempre con sé un significato «collaterale» più profondo, una riflessione che va oltre la semplice narrazione dei fatti e dei personaggi per arrivare a cogliere ciò che essa svela dei sentimenti e dei turbamenti di ogni epoca e di ogni luogo, quindi anche, forse soprattutto, dei nostri giorni.

Si narra che un ricco signore, accompagnato da uno sfarzoso corteo di carrozze che trasportavano ufficiali, gentiluomini ed esperti di scienza e filosofia, fosse giunto, poco dopo l'alba di un giorno d'estate, alle porte di una cittadina nota per la prosperità dei suoi abitanti.

L'arrivo della processione era stato preceduto dai racconti di coloro che avevano assistito al suo lento passaggio lungo uno dei tanti cammini che portavano alla città. Rientrati alle loro case, avevano riferito subito, stupiti dalla misteriosa carovana, ciò che avevano visto, ma non erano stati creduti. Però, a mano a mano che il corteo si avvicinava alle mura, anche i più increduli si erano convinti, e fu così che si dovettero scusare per non aver prestato fede alle parole dei pochi concittadini che avevano riferito quella visione.

La curiosità superava la paura e chi era di guardia sbirciava attraverso le feritoie cercando di descrivere quell'insolito convoglio, senza vessilli e senza armi, a chi chiedeva con insistenza dettagli. Ben presto la voce arrivò anche ai governanti della comunità e al loro sommo capitano, il quale, verificato che si trattava di gente pacifica, subito comandò ai suoi collaboratori di accogliere gli stranieri con la massima gentilezza e cortesia, come si deve agli ospiti di rango seppur sconosciuti.

Il lungo corteo aveva a capo un giovane e aitante ambasciatore che montava uno splendido cavallo baio. Giunto alle porte della città, fermò con un colpo di redini il suo magnifico destriero e, senza scendere, dopo essersi tolto il copricapo in segno di rispetto, porse ai guardiani che li aspettavano davanti al grande portone un rotolo di pergamena, spiegando che conteneva le ragioni della visita e che avrebbe voluto che fosse consegnato al capo della città, da parte del suo reverendissimo e amabilissimo principe.

I guardiani corsero dal capitano, che lesse subito il messaggio e mandò a dire all'ambasciatore che il principe e tutti i suoi dignitari e accompagnatori sarebbero stati ben accolti in un palazzo al centro della città e che tutto il resto della comitiva avrebbe potuto accamparsi e sistemare cavalli e carrozze in una piazza lì accanto, dove le bestie avrebbero trovato ristoro all'ombra dei grandi alberi che l'adornavano. Così le poderose porte della città furono spalancate e il lungo corteo prese lentamente ad avanzare tra le due ali di folla che quell'arrivo inaspettato aveva radunato.

I cittadini rimasero ammutoliti alla vista dell'opulenza mostrata dagli ignoti visitatori, mentre gli ospiti procedevano, chi a piedi, chi a cavallo, in un assoluto silenzio interrotto dallo scalpiccio degli animali, dal rumore delle ruote delle carrozze e da qualche nitrito.

Sceso dalla carrozza, il principe misterioso si premurò subito di ringraziare il signore della città, che gli si era fatto davanti per l'accoglienza, chiedendo di potersi riposare e spiegando che per l'ora del tramonto avrebbe desiderato conferire con lui e i suoi maggiori consiglieri, per illustrare di persona il motivo della visita.

In città non si parlava d'altro che del principe sconosciuto, giovane e di bell'aspetto, e della sua sfarzosa compagnia. Chi li aveva visti anche da lontano era ben certo del loro lignaggio, per gli abiti sfarzosi che indossavano, per le stoffe ricamate e colorate come dalle loro parti non usava, ma soprattutto per l'inusuale gentilezza dei modi.

Mentre il sole stava ormai calando, il principe uscì dal palazzo e chiese, come già annunciato, di poter conferire con i maggiorenti della città. Il giovane messaggero portò la richiesta al capitano e ai suoi più stretti collaboratori riuniti nella gran sala del Palazzo del Popolo, i quali si recarono nella piazza principale a incontrare i misteriosi visitatori.

Dopo un garbato e rispettoso scambio di saluti, il principe si rivolse al capitano della città:

«Stimatissimo capitano, innanzitutto vi voglio ringraziare per la generosa accoglienza che ci avete riservato. Voi non potete conoscere me e la mia gente, perché giungiamo da un luogo molto lontano, ma vorrei subito dirvi che veniamo in pace. Da tempo avevo sentito parlare della vostra città, dei magnifici mercati e della bellezza e dell'operosità della vita che voi e i vostri concittadini conducete in questi luoghi. Come potete immaginare, abbiamo affrontato un lungo e faticoso viaggio, ma credo ne sia valsa la pena. Il motivo è presto detto: sono qui a presentarvi una proposta che mi auguro vogliate ascoltare con attenzione e rispetto. Per questo vi chiedo di riunire la vostra gente domani mattina nel luogo che vi sembrerà più adatto a questo importante annuncio. Di più non posso dirvi in questo momento, ma confido nella vostra fiducia e generosità, e per ricambiare la vostra ospitalità vi prego di accettare in dono il miglior puledro della razza che alleviamo dai tempi dei nostri avi e che diventerà un cavallo maestoso e coraggioso. Ne abbiamo diversi, vi chiedo soltanto di scegliere quello che più vi aggrada».

Il capitano si appartò un momento per consultare i suoi consiglieri, ma dopo un breve conciliabolo si fece di nuovo avanti e, chinando leggermente il capo, disse con voce ferma:

«Qualcuno dei nostri cittadini ci aveva informato del vostro arrivo quando ancora eravate a diversi giorni di viaggio da qui. Abbiamo subito apprezzato che voi siate venuti a trovarci in pace. Dovete sapere che io e la mia gente viviamo laboriosi, i nostri commerci fioriscono da molto tempo e siamo conosciuti per il rispetto che dimostriamo a chi si rivolge a noi in cerca di aiuto e di scambi amichevoli. Siamo sempre stati aperti alle novità e nei nostri mercati accogliamo volentieri chiunque si presenti con qualche mercanzia che non conosciamo. Accettiamo quindi di buon grado e con grande curiosità la vostra proposta. Già domani di primo mattino io stesso riunirò i miei cittadini in modo che possano udire dalla vostra viva voce ciò che avrete da proporci. Nel frattempo, darò ordine ai miei cuochi di prepararvi una cena degna della vostra visita e ci occuperemo anche dei vostri accompagnatori e dei vostri cavalli perché tutti siano adeguatamente rifocillati. Quanto al vostro puledro, sarà un onore per me sceglierlo e allevarlo, io stesso lo domerò e lo monterò. Per questo dono vi ringrazio con tutto il mio cuore».

Il principe misterioso, portando il palmo della mano destra sul cuore, mostrò la propria gratitudine al capitano e a tutti i suoi dignitari, e si ritirò a palazzo con il seguito. La cena, accompagnata dai migliori musicisti della città, fu imbandita con grande fasto e apprezzata per la qualità del cibo e delle bevande. La notte trascorse tranquilla anche se tutti erano pervasi dall'emozione per ciò che sarebbe accaduto l'indomani.

Di buon mattino il capitano e i suoi consiglieri si fecero trovare all'ingresso della piazza principale per accogliere gli ospiti, scortandoli fino a un piccolo rilievo da cui il principe avrebbe parlato.

Il sole era già alto, ma nella piazza gremita nessuno badava alla calura, i più solo riparandosi gli occhi con una mano per riuscire meglio a vedere lo sconosciuto, dal momento che tutti si erano tolti il cappello per rispetto. Il silenzio si fece assoluto, sembrava che anche i bambini e i cavalli avessero compreso l'importanza del momento.

Il principe misterioso si schiarì la voce con un colpo di tosse, guardò la folla che pendeva dalle sue labbra e iniziò a parlare in tono solenne.

«Uomini e donne di questa laboriosa città, vengo a voi da molto lontano, ho affrontato un lungo viaggio per arrivare fino alle vostre gloriose mura. Di voi avevo da tempo sentito parlare, soprattutto della vostra operosità e della vostra prosperità. So dei tanti mestieri che avete perfezionato nel tempo e che vi hanno resi celebri anche in terre remote. So delle vostre colture, che producono ogni genere di frutto in quantità tanto straordinarie da sfamare molta gente che abita lontano da qui. So anche che avete fatto tutto questo con grande fatica e che ogni giorno, con gioia e passione, ognuno di voi si sforza di proseguire e migliorare ancora i vostri successi. So che il vostro lavoro vi ha reso tanto ricchi da non dover dipendere da nessun altro popolo. Ed è proprio per questa ragione che io sono qui e che ho chiesto ai vostri maggiorenti il permesso di proporvi un'offerta che mi auguro possa interessarvi anche se vi sembrerà quasi inverosimile.

«Io vi offro di acquistare, al prezzo che voi farete, ogni vostro prodotto, ogni vostra officina, negozio, terra, cantina. Tutto, qualsiasi cosa voi produciate e abbiate in proprietà, salvo le vostre case, che rimarranno nella vostra disponibilità e che potrete ingrandire secondo le vostre esigenze e quelle delle vostre famiglie. Come ben capirete, oltre al denaro, che di certo già non vi manca, vi offro qualcosa di diverso cui probabilmente non avete mai pensato. Vi offro la comodità, ovvero la possibilità di non dovervi alzare ogni mattina per curare i vostri interessi e per cercare di vendere i vostri prodotti. Non dovrete più faticare e sudare fino a notte, ma avrete, se accetterete la mia proposta, la possibilità di trascorrere insieme alle vostre famiglie un'esistenza agiata, senza più preoccuparvi del futuro vostro e delle prossime generazioni. La vostra vita, con tutte le comodità di cui potrete godere accettando questa proposta, sarà ancor più lunga e serena, come mai l'avreste immaginata.

«A questo punto vi domanderete se non voglia null'altro in cambio, per questo desidero essere onesto e chiaro con voi. Ebbene, io vi chiedo di barattare tutto ciò che voi mi venderete e che io comprerò alle vostre condizioni con la promessa di non pensare. Di rinunciare ai vostri progetti, di non sognare ciò che non avete e che vorreste avere, ma di limitarvi a vivere con ciò che avete avuto la fortuna di ricevere da questa mia generosa offerta, senz'altro immaginare. Non dovrete più faticare, lavorare e produrre, ma nemmeno riflettere, inventare, fantasticare, ipotizzare, bensì solo campare alla giornata senza immaginare alcun futuro. La vostra testa non dovrà più sforzarsi e, per la prima volta nella vostra esistenza, potrete oziare, rilassarvi, riposare.

«Avrete ovviamente tempo per meditare su questa mia offerta. Sappiate soltanto che siete il primo popolo cui viene data questa opportunità, ma io accetterò lo scambio solo se sarete tutti convinti, senza alcuna eccezione: altrimenti il baratto non avrà luogo. Al tramonto del terzo giorno da oggi, i vostri rappresentanti mi diranno se accogliete o meno la mia proposta. Sentitevi liberi di decidere e ogni vostra domanda, nei prossimi giorni, riceverà adeguata risposta, in modo che questo scambio possa nascere alla luce dell'onestà, e della trasparenza. Voglio che possiate aderire con gioia e non soltanto per convenienza materiale. Questo è quanto avevo da dirvi, questa è la ragione del nostro lungo viaggio. Spero di cuore che le mie parole siano state ben comprese e che la mia offerta riceva una risposta serena come lo sono io davanti a tutti voi.»

«E che cosa significa non pensare? Noi non conosciamo la comodità, siamo operosi, così ci hanno insegnato i nostri padri e questo insegniamo ai nostri figli» disse un uomo levando la voce tra la folla. Altri mormorarono dando segno di condividere la domanda.

«Avete ragione, è difficile spiegare cosa significa comodità a chi ha lavorato per una vita intera traendone soddisfazioni di ogni tipo, ma io vi propongo esattamente questo: di accettare di non avere più un progetto. Soltanto acconsentendo a non pensare potrete capire che cosa significa la comodità. Questo è il baratto: io vi dono la comodità e voi non dovrete più sopportare l'onere di pensare, di faticare per farlo.»

I giorni successivi trascorsero, come potete immaginare, in una grande animazione. In città non si parlava d'altro, si formarono fazioni favorevoli e altre contrarie, ma tutto avvenne in maniera pacifica, non ci furono litigi né la discussione assunse mai toni violenti. I cittadini avevano ben compreso che era del loro futuro che avrebbero dovuto decidere, e per la prima volta avevano cominciato a vederlo in modo nuovo e sorprendente. Nella loro mente iniziò a farsi strada l'idea che quel baratto fosse vantaggioso e che sarebbe stato sbagliato lasciarsi sfuggire un'occasione caduta dal cielo come un dono inatteso. Sapevano che non ci sarebbe stata una seconda possibilità.

Come per molte altre fiabe, anche il finale di questa si è perso nella notte dei tempi, e forse è giusto che sia così. Nessuno sa come proseguì l'animata discussione di quel popolo, né quale fu la decisione che il loro capo annunciò al principe misterioso, ma un'idea, un'idea piacevole e al contempo tragica, aveva attraversato la mente di quegli uomini e quelle donne che vivevano felici nell'operosa città: avevano scoperto la comodità. Certo, c'era un prezzo da pagare, ma a molti non dovette sembrare poi così eccessivo.

L'ignavia apparve d'improvviso attraente, anche se nessuno, nemmeno il capo di quella gente laboriosa e gentile, avrebbe mai pensato che potesse essere oggetto di un baratto, di un orrendo scambio che per qualche misteriosa ragione era diventato quasi accettabile; anzi, qualcuno pensò che si trattasse, finalmente, della realizzazione di un sogno, quello di essere sazi e non dover consumare la mente con progetti faticosi da realizzare.

Poco importa che il costo dello scambio sembrasse a qualcuno stupefacente – accettare che la vita possa essere un tempo senza fatica, sudore, pena, rischio –, il fatto è che dall'arrivo del misterioso principe qualcosa era definitivamente cambiato: un'idea si era insinuata nella mente di molti, che da quel giorno non si sentirono più in colpa anche solo a ipotizzare che l'esistenza potesse essere trasformata in un nulla senza ragione, senza necessità, senza lo sforzo di ragionare. E che il pensiero potesse non fare più parte della responsabilità di ogni essere umano.

Sono cresciuto con un nonno che mi raccontava delle strane storie, a volte sulla costruzione della cupola del duomo di Firenze e sulle strepitose invenzioni del Brunelleschi, altre su animali fantastici, piccoli mostri a due teste, altre ancora su una natura selvaggia e pericolosa, dove regnavano il vento e la neve. Le sue storie non prendevano spunto dalla realtà, non nascevano da un evento, ma incantavano le mie notti, quando mia nonna si addormentava e lui sentiva finalmente di potermi concedere la libertà di immaginare, di impaurirmi o di sbalordirmi all'idea che quelle cose fossero veramente accadute in qualche momento, in qualche luogo del pianeta. La sua fantasia però non nasceva dall'ozio, ma anzi dal duro lavoro di contadini o cacciatori che si dovevano svegliare prima dell'alba e rientravano nelle loro case al tramonto.

E per quanto quelle elucubrazioni notturne mi potessero essere sembrate incredibili, quando sono cresciuto e lui se n'era già andato da questo mondo, ho capito che qualcosa di formidabile quelle clamorose invenzioni contenevano.

Innanzitutto, mi hanno insegnato a rispettare i sogni e le fantasie in quanto portatrici di colori, quindi ginnastica mentale per immaginarsi oltre la realtà. Perché se il vero è fondamentale, anche l'irreale o il verosimile hanno altrettanta forza costruttiva, non certo dispersiva. Perfino quelle paure indotte da un nonno avevano un loro motivo di essere: non permettere mai al nostro cervello di riposare né di giorno né di notte.

Raccontare è una forma di eleganza relazionale, esprime ottimismo poiché comporta e necessita di credere nell'altro come essenza di sé in un altrove. Un po' come mi ha insegnato Oliviero Toscani quando diceva che ogni fotografia è un autoritratto. Il racconto, la fiaba, l'invenzione fantastica e fantasmagorica sono tratti d'unione dell'umanità che crede nelle relazioni e non nella loro inutilità. Insieme si può crescere, da soli si ristagna come specchi d'acqua senza vita, energia, amore, come se un contadino piantasse un albero da frutta sotto un'enorme quercia: non darebbe frutti, perché le relazioni esistono a partire dalla propria autonomia di volontà e di pensiero; per specchiarsi nell'altro, ognuno ha necessità di capire quanta fatica si faccia a vivere, e per questo ha bisogno della propria neve, della pioggia, del sole.

Qualsiasi storia, per quanto possa apparire sconclusionata, contiene un significato che va oltre le parole narrate. E questa considerazione è valida anche per la fiaba del misterioso principe.

Non è una questione di vero o verosimile o totalmente inventato, l'essenziale è porsi una domanda: in quella novella c'è qualcosa che ci riguarda? Che ha a che fare con il nostro mondo contemporaneo, con le domande che ci dovremmo porre ogni giorno? O forse con le rimozioni o omissioni con cui capita oggi di dover fare i conti?

Scrivo queste pagine perseguitato da una precisa preoccupazione: credo che, anche se non è mai esistito un principe misterioso, un baratto effettivamente ci sia stato proposto, e che molti lo abbiano approvato, accettato, fino ad arrivare a cambiare drammaticamente la propria esistenza come avrebbe voluto quel signore a cavallo. Non parlo di un atto cosciente, naturalmente, ma di un processo lento e audace che ha avuto la forza di convincere una parte dell'umanità.

È possibile vivere senza pensare? In nessun periodo della storia dell'umanità questa domanda sarebbe stata plausibile. Chiunque l'avrebbe ritenuta una frase senza senso, una provocazione o una pena da far espiare alle persone che si sono macchiate di delitti efferati. Poi, però, è accaduto qualcosa che all'inizio non ha fatto rumore, anzi, sembrava il raggiungimento della soddisfazione di un desiderio comune. Stare meglio, vivere più a lungo, godere delle cose della vita a ogni costo senza porsi domande. Chi mai avrebbe potuto dubitare che ciò rappresentasse la speranza di tutti?

E così è stato, almeno per una parte dell'umanità, quella del mondo in cui viviamo noi della cosiddetta «civiltà avanzata»; per il resto dei cittadini del pianeta rimane un miraggio da rincorrere, verso il quale emigrare: per loro il sogno esiste ancora.

Sarebbe onesto ammettere che un baratto qualcuno lo ha proposto, una sorta di specchietto per le allodole. E molti, in questa trappola dorata, ci sono caduti o, per meglio dire, ci sono voluti cadere.

Qualcuno penserà che smettere di pensare sia un diritto tanto quanto il suo contrario, e che se oggi abbiamo la possibilità di delegare alcune delle nostre migliori facoltà mentali a un immenso gomitolo di algoritmi, non vi sia nulla di male, di contraddittorio.

Qualcuno evocherà tempi passati in cui la parte più retrograda e conservatrice guardava all'avvento delle automobili o delle macchine da scrivere come strumenti dannati che avrebbero corrotto parte dell'umanità; oggi si risponderà che c'è sempre qualcosa da perdere quando si vuole innovare. E che questi tempi non sono poi così diversi da quelli di molti decenni fa.

Né si meraviglieranno, gli innovatori a oltranza, che sia arrivato un principe misterioso a proporci l'idea di vivere barattando il furto del nostro pensiero con un'inusitata comodità.

Seconda giornata

Qualcosa è andato storto

Non se n'è accorto nessuno o quasi, eppure basterebbe guardare un cortile o un prato cittadino per rendersene conto. Sono luoghi vuoti. Solo a Venezia o nei piccoli paesi ci sono ancora degli spazi dove all'ora di pranzo senti i bambini giocare, gridare, rincorrersi in attesa che qualche genitore arrivi a riprendersi la propria creatura e a riportarla a casa.

Non è una questione di sicurezza, anche se questa è la giustificazione utilizzata dalla maggioranza degli adulti; è un cambio di mentalità, di cultura educativa. O, meglio, una rivoluzione silente, uno dei cambiamenti più colossali che abbia mai riguardato l'infanzia, non solo italiana, ovviamente, ma anche quella di molta parte della nostra cosiddetta «civiltà».

Fino a non molti anni fa il tempio dei bambini era all'aria aperta, nei cortili come sui campetti, ma anche in una piazza davanti a una chiesa o sotto un portico se pioveva. Poi, quando la televisione non era più un oggetto di intrattenimento così innovativo, è arrivata un'invenzione che ha suggerito al popolo dei genitori un modo per dissolvere completamente le proprie ansie e angosce: la PlayStation. Un oggetto che è immediatamente entrato nella lista dei desideri per Natale, per un compleanno, per una promozione.

Un gioco che permette di essere soli di fronte a uno schermo sempre più rinnovato, con una definizione delle immagini realistica a 4k. Sempre più aggiornati software a disposizione, novità che spesso contengono violenza, simulazioni di incidenti che portano, più sono gravi, un maggior punteggio per scalare classifiche immaginarie, in competizione con altri piccoli dal Giappone alla California.

Così suppongo che molti genitori si siano detti: invece di lasciarli giocare all'aperto, dove ci sono pericoli e poi si può pure prendere freddo, perché non parcheggiarli nelle loro confortevoli, riscaldate e controllate camere da letto? Un'idea che deve essere piaciuta non solo alle mamme, ma anche ai papà, che, al rientro dal lavoro, potevano con figlio o da soli farsi una partita di calcio virtuale o correre il Gran Premio di Formula 1 a Monte Carlo battendo il pilota preferito. Un'idea condivisa, studiata per i bambini e gli adolescenti, ma poi abbracciata anche dagli adulti, i quali non hanno mai pensato a quanto e a cosa hanno sottratto ai loro figli.

Chi vuole cambiare questo mondo, e innovarlo davvero, dovrebbe capire che bisogna ricominciare dai bambini, fin dalla loro nascita. Ma forse non lo si vuole modificare affatto, questo stato di cose, e magari molti sono contenti così, anzi, aspettano trepidanti la prossima innovazione. La tecnologia digitale – adesso qualcuno comincia a comprenderlo – non è soltanto un *upgrade*, ma molto di più: un cambiamento della nostra quotidianità nel suo significato più profondo, antropologico, come l'ho chiamato nel mio libro *Baciami senza rete*.

Un diritto fondamentale dell'infanzia è giocare, che significa ritrovarsi tra pari e correre, nascondersi, urlare, piangere, ridere. Il gioco è insegnamento di relazioni, ma soprattutto è il modo migliore per capire che cosa significa vincere e perdere, perché non è possibile giocare senza la consapevolezza che si può anche essere battuti. Un'esperienza che risulterà strategica nell'età adulta in quanto, una volta cresciuti, la frustrazione e l'inciampo non porteranno più allo sgomento dei «neofiti emotivi».

Tutto può trasformarsi in gioco, se si usa un po' di creatività.

Ricordo, molti anni fa, di essere andato a visitare una scuola elementare in Danimarca, precisamente ad Aarhus, dove all'epoca lavoravo. Una maestra mi stava aspettando un po' prima dell'orario di ingresso dei bambini. Ci salutammo, spiegai il motivo della mia visita e poi mi accompagnò ovunque nell'istituto spiegandomi come funzionava.

La mia prima impressione fu che quella scuola fosse bella non in senso estetico, ma perché le insegnanti e gli insegnanti erano sorridenti, davano l'idea che non andassero lì ogni mattina per guadagnarsi un salario e, in prospettiva, una pensione, ma in quanto non vedevano l'ora di incontrare i piccoli alunni e di passare una giornata con loro. Possedevano e perseguivano un'idea pedagogica che li rappresentava, in cui erano profondamente coinvolti, in cui si identificavano.

Durante la visita passammo anche attraverso i locali adibiti a cucina, dove si sarebbero preparati i piatti per il pranzo, visto che in quel paese non sarebbe nemmeno pensabile che una scuola non sia a tempo pieno. Una stanza ben attrezzata, dove però non c'era nessuno. Chiesi alla mia accompagnatrice come mai, e lei di rimando: «E chi ci dovrebbe essere qui?». «Per esempio una cuoca, qualcuno addetto alla preparazione dei pasti…» risposi io. «Ma i bambini sono capacissimi di cucinare, perché mai dovremmo privarli di un'esperienza così importante, l'essenziale è che tutto possa trasformarsi in un bellissimo gioco.» A quel punto non ebbi coraggio di insistere, perché ero sicuro di aver dato la sensazione di qualcuno venuto da un paese pedagogicamente poco sviluppato, visto che mi ponevo una domanda del genere.

Procedendo nella passeggiata tra aule, giardini e mensa, la maestra mi spiegò il loro metodo. Ogni mattina i bambini e le bambine dovevano portare a scuola qualche soldino – chi più e chi meno, secondo le possibilità delle rispettive famiglie –, che veniva poi messo assieme agli altri sulla cattedra. Un alunno sorteggiato andava alla lavagna pronto a calcolare la cifra disponibile per fare la spesa. A quel punto si animava una bella discussione su cosa andare a comprare, e il prescelto scriveva con il gesso la lista dei prodotti scelti dal gruppo; poi si sorteggiava la squadra che, accompagnata da una maestra, sarebbe andata al vicino mercato a fare acquisti mentre i compagni seguivano le lezioni ordinarie.

Al ritorno, chi aveva fatto la spesa doveva riferire agli altri che cosa era stato possibile comprare e cosa no, poi si passava al momento in cui si decideva come cucinare i prodotti acquistati, mentre altri preparavano la tavola. E finalmente si poteva iniziare il pranzo, che si consumava ovviamente senza personale di servizio. Atto finale: sparecchiare e lavare i piatti a turno.

Insomma, era una sorta di grande gioco che coinvolgeva tutti i piccoli, che, oltre a imparare a scrivere e a contare, acquisivano consapevolezza dei propri diritti e doveri, ma soprattutto, anno dopo anno, diventavano sempre più responsabili e indipendenti, ovvero più maturi e «grandi», capaci anche di amare se stessi: l'autostima è strategica. Ciò che ogni genitore dovrebbe augurarsi.

Il gioco ha una valenza affettiva e relazionale insostituibile, a patto, ovviamente, che sia collettivo. Come potrebbe mai esserlo quello di un bambino/a chiuso/a nella sua cameretta in assoluta solitudine davanti a una consolle?

Decretare la morte del gioco collettivo comporta una serie di conseguenze che oggi preoccupano non poco chi si occupa di minori.

La mancanza di autonomia non può che portare a far crescere in quei bambini un sentimento di dipendenza dall'adulto, insegnante o genitore. Non sapendo e non potendo fare nulla per se stessi, vedranno in qualsiasi adulto la figura di riferimento, come se non esistessero dentro di loro la capacità e il talento per sopravvivere nel mondo, ma avessero bisogno di essere assistiti e riveriti.

Se i bambini crescono senza quella fondamentale esperienza del gioco, anche le loro relazioni affettive saranno molto semplificate e non potranno essere certo di supporto nello sviluppo. Un'infanzia depotenziata in perenne ricerca di conferme.

Un bambino o una bambina che non ha imparato la frustrazione di perdere, temerà sempre di cadere, quindi sarà più fragile: lo possiamo verificare tra gli adolescenti di oggi, molti dei quali reagiscono negativamente di fronte a un brutto voto preso a scuola o a una brutta esperienza fra amici.

Perdere da soli non è la stessa esperienza di perdere in gruppo, con una PlayStation non ti vergogni dell'errore, mentre in presenza di altri devi imparare a giustificarti, a chiedere scusa, e questo *modus vivendi* diventa un metodo per sviluppare gli «anticorpi psicologici» che ci aiutano a far fronte alle avversità che la vita, inevitabilmente, ci propone.

Esistono infatti due sistemi anticorpali: c'è quello biologico, che conosciamo attraverso la reazione del corpo nei confronti di agenti patogeni esterni, e poi c'è il meno noto sistema psicologico, che corrisponde a ciò che in gergo viene chiamato *coping mechanism*, ovvero il «meccanismo di far fronte», che non funziona solo e soltanto in rapporto a eventi negativi (una sconfitta, una malattia, un lutto), ma anche per gli eventi positivi (per esempio l'annuncio di una gravidanza, una promozione imprevista, una vincita).

Si tratta di una straordinaria componente della nostra macchina psicologica che fa in modo che l'individuo possa reagire a ciò che è inaspettato, non programmato. È evidente che questo meccanismo non nasce da sé ma deve essere indotto, fin dai primissimi anni di vita, da esperienze negative o positive che lo rodano e lo perfezionano lungo l'arco dell'esistenza di ognuno, esattamente come quello biologico, che si forma e rafforza attraverso il contatto con minime porzioni di virus e batteri.

Il gioco è lo strumento perfetto per evocare questo meraviglioso meccanismo. Per questa ragione molti pedagogisti del passato avevano perorato l'idea che ogni scuola primaria dovesse avere un giardino per giocare e delle siepi per nascondersi. Il giardino muta a ogni stagione dell'anno e una siepe aiuta chi «vuole scomparire» per verificare se gli altri lo cercano (quindi gli vogliono bene) o semplicemente per non essere visto per un po' di tempo. Tutto ciò è utile non solo alla declinazione dei diritti dell'infanzia, ma anche, per molti inconsapevolmente, ad «allenare» il nostro meccanismo di far fronte.

Se non si permette ai bambini di giocare liberamente, non soltanto non potranno imparare a conoscere l'importanza di una relazione affettiva, ma tendenzialmente cresceranno adattandosi a quella solitudine che più avanti coltiveranno con l'aiuto della tecnologia digitale. L'intimità ha un suo proprio perimetro, quello delle nostre braccia aperte: quel cerchio magico è il limite che lasciamo oltrepassare soltanto ad alcune persone scelte.

Il carattere di una persona non può forgiarsi da solo – il mio vecchio professore a Londra mi ripeteva sempre «*alone man is nothing*», ovvero, da solo l'uomo è un nulla –, per questo l'idea di «uccidere» il gioco è un errore enorme: ovvero la causa di gran parte delle fragilità che oggi riscontriamo negli adolescenti. Se la prima parte della vita viene vissuta in solitudine (anche perché a scuola le occasioni di attività di gruppo si stanno assottigliando progressivamente, e le famiglie con figli unici e quelle monoparentali aumentano ogni anno), l'impatto con la socialità assume connotati problematici con il rischio di chiusure in se stessi sempre più numerose.

Il gioco – e questa è la sua valenza principale – insegna a perdere, perché è impossibile vincere sempre quando ci si confronta con un gruppo di coetanei. L'assenza del gioco provoca una reazione regressiva nel bambino/a, insinua l'idea che isolarsi sia l'unica risposta possibile quando accade qualcosa di spiacevole, porta al cosiddetto «arroccamento», che inibisce le sue capacità sociali. Per questo gli adolescenti sono così fragili e impreparati a saper perdere.

L'assenza dell'esperienza del gioco ha però un'altra ricaduta negativa: il bambino/a non può imparare a fidarsi del prossimo, un effetto deleterio quando si cresce e si diventa adulti. È proprio ciò che emerge dalla lettura di molti contenuti dei social media quando il bersaglio diventano le due figure cardine della nostra comunità fino a qualche decennio fa: il medico di base e il professore di scuola.

Da sempre le persone hanno avuto la necessità di fidarsi, o meglio, di affidarsi a chi provvede alla cura del corpo e a chi ha l'onere di crescere le giovani generazioni, sviluppando i loro strumenti di base per vivere, oltre che custodendoli nel tempo in cui i genitori sono impegnati nel lavoro.

Le cronache ci informano di assalti negli studi dei medici di base (è accaduto anche un omicidio) o al pronto soccorso di qualche ospedale. Analoga violenza non è risparmiata nemmeno a chi lavora nella scuola, che viene bersagliato da «spedizioni punitive» di parenti infuriati per un voto negativo, per un rimprovero sulla condotta di un alunno.

Spesso sono gli stessi studenti che incitano tale vergognoso comportamento istigando i propri genitori, che arrivano a denunciare l'insegnante preso di mira perché troppo severo o semplicemente troppo ligio al suo dovere professionale.

Aver «sottratto il gioco» all'infanzia comporta anche questa caduta della rispettabilità delle colonne portanti della nostra comunità, con il risultato che non ci si fida più della persona che si ha davanti, ma piuttosto di ciò che si legge nel primo blog che parla di salute (spesso tenuto da persone senza alcun curriculum professionale) o di ciò che si afferma in una chat di WhatsApp tra i parenti degli alunni e alunne di una classe.

Se il gioco scompare, anche il pensiero si semplifica e diventa inconsistente. Esso, come le relazioni affettive, non cresce dal nulla, ma dal confronto dialettico fra più persone, dalle discussioni, dall'articolazione delle proprie idee e dalla capacità di difenderle o di cambiarle.

Per essere articolato, il pensiero ha bisogno di uno spazio che la rete non concede per definizione, poiché porta a una formulazione contratta, che spesso esprime slogan la cui arroganza celebra il proprio nulla.

Basterebbe pensare a dei bambini che giocano a rimpiattino: devi decidere dove nasconderti, scegliere un posto non facilmente immaginabile da chi ti sta rincorrendo. E poi Camillo o Roberta ti scovano, e scopri che sono più bravi e più scaltri di te. E allora impari e ti migliori.

Il gioco è un modo meraviglioso per testare, inconsciamente, la propria autostima. Se vinci una partita a dama, quella sera potrai dire a te stesso che non sei proprio una schiappa. Magari hai sconfitto il nonno, che è formidabile e che nessuno era mai riuscito a battere.

Il nemico del non pensiero è proprio il gioco, in quanto straordinaria palestra per crescere, per allenare il proprio talento, per capire che perdere non è catastrofico, anzi è necessario, perché dagli inciampi s'impara a camminare e anche a correre.

Se si toglie questa possibilità a un bambino o a una bambina, s'impedisce loro di costruirsi il senso di sicurezza che viene soltanto dopo molti tentativi e altrettanti errori.

Ci sono tanti modi per tenere allenato il pensiero: il disegno e la scrittura a mano libera sono certamente tra questi. Quando un bambino scrive su un foglio di carta o disegna, non potrà mai ripetere la stessa cosa: tutto dipende non solo dalla tecnica che evolve, ma soprattutto dall'emotività di quel momento. Se si chiede a un bimbo di riscrivere o di ridisegnare lo stesso soggetto in modo identico, non potrà riuscirci, mentre con un computer tutto apparirà più semplice e meno mentalmente faticoso.

Se una bambina prendesse una Pencil (ovvero lo strumento che si utilizza su certi tablet per scrivere sullo schermo) e volesse disegnare una casetta, ci proverebbe e probabilmente, soprattutto se è la prima volta che tenta di farlo, le linee verrebbero un po' sbilenche e la casa storta; se lo facesse con una matita o con un pennarello, l'errore o l'incertezza rimarrebbero evidenti e la bambina capirebbe immediatamente che dovrebbe riprovarci con maggiore attenzione, soprattutto se comparasse il suo disegno a quello di altri bambini e bambine che stanno facendo lo stesso esercizio. Con lo strumento digitale, invece, l'errore verrebbe immediatamente rettificato da un software e il disegno della casetta risulterebbe perfetto, più o meno come quello di ogni altro bambino della sua età. Una vera bestemmia nei confronti dell'umanità: ogni bambino disegnerebbe in maniera ripetibile e non dissimile da altri.

La perfezione non è solo di per sé stantia, ma soprattutto è una «livella» che rende tutti e tutto uguale; ciò che il digitale corregge, in realtà, è lo sforzo di riflettere sugli errori e di riprovarci ancora nel caso sia venuto fuori uno scarabocchio: un cestino pieno di carta appallottolata è sinonimo di caparbietà. Quando invece si arriva nell'immediato alla perfezione, il bisogno di ripensare a quell'errore semplicemente svanisce e con esso anche la capacità creativa che cresce grazie agli sbagli.

Cercare la perfezione, educare alla perfezione è opera cieca, priva di quell'emotività che fa sì che un bambino possa tirare fuori da sé qualcosa di ancora meglio, perché il meglio non è mai abbastanza, c'è sempre qualcosa di più da fare.

I risultati vengono dalla capacità di accanirsi in ciò che si vuole fare, pretendendo il massimo da se stessi. È la cocciutaggine che aiuta a fare un'impresa, ma se abituiamo i nostri piccoli a usare strumenti che non sbagliano mai, come potranno imparare? La perfezione fa crescere la saccenteria, l'idea di saper fare tutto senza aver avuto la capacità e la voglia di imparare a fare qualcosa. E di questi esempi nella nostra classe dirigente ce ne sono in abbondanza.

Il pensiero è un tumulto che può sembrare a volte minaccioso, ma poi si concretizza in un passo avanti, visibile e gradevole, anche se faticoso. Giocare significa esercitare la propria intelligenza, scoprire il proprio talento, quello nascosto ma che pure c'è anche al di là delle nostre aspettative.

Se si permette fin dall'infanzia di evitare lo sbaglio, si crescono persone che avranno paura del proprio talento. Un po' come accade ai primi della classe, che solitamente sono persone con poca autostima perché «abituate» al successo: al primo voto sotto la media dell'infallibilità, crolleranno temendo il giudizio altrui, avendo paura di deludere gli altri, quindi se stessi.

Una stazione, un caldo atroce di un giorno d'estate. Sono seduto su una panchina in attesa del mio treno. Una signora e un bambino di 8-9 anni trovano posto accanto a me. Dopo poco sento che il bambino tira su con il naso: un raffreddore, penso io. Infatti, la madre prontamente cerca e trova nella borsa un fazzoletto e gli soffia il naso. Com'è ovvio, dopo qualche minuto il problema si ripete e la madre continua a comportarsi nello stesso modo. Il tempo passa ma il raffreddore no, e nemmeno le gocce dal naso smettono di scendere. La madre insiste a estrarre il fazzoletto e a soffiare il naso del figlio, che mi guarda con tono supplichevole, come a dire: «Dammi una mano tu, se puoi... io vorrei crescere».

È evidente che quel bambino aveva capito di aver raggiunto il tempo per essere autonomo e badare a se stesso, ma ciò confliggeva con l'ardore materno, che non comprendeva il più semplice dei principi educativi: ogni bambino e bambina deve imparare a fare da sé il più precocemente possibile. Eppure molti adulti sembrano essere dispiaciuti di dover allentare la «presa salvifica» e fare un passo indietro.

Terza giornata

Eccitare il pensiero

Mi scrive un'insegnante di lettere di una scuola media del Nord. Spiega di essersi inventata per i suoi allievi e allieve una serie di storie, fatte con pennarelli, matite e gessetti da lavagna, che sono tanto piaciute da stimolare delle ricerche di approfondimento.

Poi è accaduto che dei genitori, ovviamente riuniti da un'apposita chat, hanno iniziato a dire che i loro figli e figlie erano rimasti scioccati da questa esperienza e che doveva essere subito interrotta. Una madre è addirittura andata a scuola e con veemenza le ha detto che in quel modo aveva eccitato il figlio e questo non andava bene secondo lei e anche secondo molti altri genitori di cui si faceva in qualche modo portavoce.

Stranezze che emergono dalla possibilità, ormai senza più regole, da parte dei genitori di fare irruzione nel lavoro di un insegnante e giudicarlo come se fossero tutti diventati cultori di quella materia e soprattutto i sindacalisti dei loro piccoli.

Nel caso segnalato dalla lettera, penso che una scuola debba seguire proprio l'esempio della professoressa, non denigrarlo o censurarlo. Credo infatti che il vero lavoro, potrei dire la missione, di un insegnante stia proprio nell'eccitare il pensiero dei propri allievi, non certo nel rendere mansueta la loro voglia di inventarsi una vita.

Il pensiero non cresce da sé come se fosse parte dello sviluppo corporeo di una persona, occorre crearne i presupposti, svincolarlo dalla ripetitività delle azioni quotidiane. Il pensiero scaturisce dalle emozioni, se ne nutre. Se un educatore vuole davvero lasciare un segno nell'anima dei propri allievi, deve impegnarsi a essere il meno prevedibile possibile. L'esatto contrario di ciò che quella madre e quei genitori pretendevano avvenisse nella classe dei figli.

L'autorevolezza di un docente, esattamente come quella di un adulto, risiede in questa piccola, salvifica, capacità: sollevare, provocare, esigere reazioni emotive alle proprie parole. L'insegnante che eccita i suoi allievi assolve al suo mandato sociale nel migliore dei modi. Questa è la responsabilità che una comunità ha delegato alla formazione di una classe dirigente pensante e non assopita e passiva.

Mi piacerebbe chiedere a quei genitori come vorrebbero che fossero una scuola, un'università, un posto di lavoro. Soporiferi, acquietanti? Un'aula non è una spa, con tanto di massaggio rilassante, magari ayurvedico. Eppure, sembra che l'unico desiderio di molti adulti sia che i giovani non abbiano paura, non siano turbati da nulla e che, di conseguenza, chi cerca di scuoterli debba essere criticato, se non addirittura deriso, mortificato.

La paura indotta – parlo di quella di agire in modo inconsueto – è parte, secondo molti, dell'idea di educare.

Che strano mondo quello in cui una madre o un padre cercano l'anestesia a scuola e poi non si oppongono a quella che tanti ragazzi e ragazze cercano attraverso la chimica che viene distribuita nelle piazze e nelle strade delle nostre città. Anzi, il denaro che quei ragazzi spendono in droghe e alcol viene proprio da loro, i genitori, che in altri miei libri ho chiamato «genitori pusher».

Quasi che sia preferibile l'eccitazione di una droga o di una sbronza perché sappiamo che è breve (fino alla prossima canna, sniffata, bevuta), effimera (apparentemente), rispetto all'eccitazione prodotta dal pensiero, che può davvero cambiare il corso dell'esistenza di una persona, a qualsiasi età.

Dovremmo tutti volere che le mura di una scuola fossero di vetro. La trasparenza è forma della democrazia.

Nel progetto di scuola ideato dall'architetto Renzo Piano, cui ho collaborato con molta gioia, c'è un aspetto che, accanto ad altri fondamentali (è completamente antisismica, costruita in legno di modo che, reimpiantando altrettanti alberi quanti ne sono stati necessari, l'impatto ambientale è zero, ha come copertura un orto dove i cittadini «esperti» possono insegnare ai bambini come seminare l'insalata o piantare il basilico), la distingue da tutte le altre: essere trasparente.

La struttura, infatti, è composta esclusivamente da legno e vetro, in modo da permettere a qualsiasi persona che vi passa davanti di poter vedere cosa vi accade, ma anche perché ciascun bambino o bambina possa accorgersi di dove si trova e magari salutare un passante. Le pareti custodiscono, il vetro permette all'educare di essere limpido.

Un luogo pubblico deve essere accessibile a chiunque perché ciò costituisce un diritto alla formazione: in una scuola non c'è niente da nascondere. Non si tratta di un diritto alla sorveglianza, ma di un'opportunità di sapere, conoscere, imparare concessa anche a chi non è in quella scuola.

Credo che se un adulto potesse vedere che in una scuola vi sono dei bambini che giocano e che apprendono divertendosi, si sentirebbe soddisfatto, anche se nella vita di quell'istituto non è coinvolto personalmente.

Se così fosse, educare non sarebbe più solo una questione che riguarda genitori, insegnanti, alunni e alunne, ma diventerebbe materia che interessa l'intera comunità.

Quando, all'inizio della progettazione, parlando con Renzo Piano cercai di spiegare perché ciò che si stava facendo era qualcosa di straordinario, osservai: «La scuola è l'unico luogo che tutti devono frequentare, il crocevia universale; non tutti vanno in una fabbrica o in una banca o in un negozio, ma tutti devono trascorrere del tempo in quel luogo, infatti tutti ci ricordiamo, anche a distanza di decenni, di come era fatta la nostra prima scuola».

Spesso si pensa che una scuola debba essere bella anche in senso estetico, ma i nostri ricordi conservano pure immagini di spazi non sempre rilevanti da quel punto di vista. E la bellezza è solo un'aggiunta alla cosa fondamentale: deve essere pensata per essere un luogo gioioso, dove possono accadere cose meravigliose a cominciare dalla possibilità che le pareti colorate vengano disegnate e addobbate dai bambini che le frequentano. Perché è proprio quella meraviglia a rimanere ancorata ai nostri ricordi, quelle risate, o quel pianto, o quel momento affascinante perché il maestro o la maestra ci ha raccontato qualcosa di strepitoso. È da lì che inizia a mettersi in moto la macchina del pensiero.

La memoria, come tutti i pensieri e i ricordi legati alla nostra infanzia, custodisce quel luogo lontano dalla nostra vita attuale proprio perché è stato il tramite di un'eccitazione. Se ci avessero tenuti tutti calmi e sopiti, oggi non ci ricorderemmo, magari con un pizzico di nostalgia, di quei luoghi d'amore.

Un «amarcord» esiste per tutti, nessuno escluso. Quella mattina che finalmente nevica, quel pupazzo fatto con il permesso della maestra proprio in mezzo al cortile, quelle grida, non sai bene di chi, che ci hanno seguito lungo tutto il cammino fino a raggiungerci oggi, dopo tanti anni. Con un sorriso.

Quarta giornata

Vivo, quindi posso

Tre semplici parole, rivoluzionarie. Le pronuncia con un filo di voce una giovanissima donna. Il volto è di rara bellezza anche se quando parla, o meglio prova a parlare, si trasforma per la fatica. Storce la bocca, le mani aggrappate come artigli ai braccioli della sua sedia a rotelle. Già alla nascita i medici avevano scoperto che era affetta da una forma di una paralisi cerebrale, che le ha impedito da sempre di camminare e di muovere le braccia se non a scatti e contrazioni involontarie. Tutto sembra difficile per quella ragazza, ma con una caparbietà emozionante lei è arrivata su un palcoscenico per parlare a un pubblico di giovani che in silenzio, quasi fossero ammutoliti da quella straordinaria presenza, non si sono persi nemmeno una sillaba.

Vivere è potere e lo è anche, e forse soprattutto, per chi fa fatica a pronunciare persino un semplice, breve discorso. E lei non solo ci riesce, ma fa quello di cui raramente una ragazza o un ragazzo di quell'età sono capaci: incanta, ammalia, seduce, riesce a stregare chi, pur non avendo impedimenti, non riesce a formulare un pensiero.

Se vivi, e non sopravvivi, hai un potere immenso, quello di immaginare il tuo futuro anche se sei costretto a stare seduto su una sedia a rotelle: questo è l'insegnamento strepitoso di quella ragazza.

È strano che per pronunciare poche, meravigliose parole, si debba partire da una difficoltà così vincolante. Ed è strano, paradossale si potrebbe dire, che proprio da una limitazione possa scaturire tanta libertà di pensiero e di visione. Eppure, bisognerebbe prendere esempio da chi trova nella fatica quotidiana di esistere una volontà che i privilegiati non riescono nemmeno a immaginare. Molti, non parlo soltanto dei giovani, sembrano annoiati dal nulla in cui vivono, mentre quella ragazza arpionata alla sua sedia meccanica urla la sua voglia e determinazione, che si trasformano in lezioni di coraggio, di passione, di amore.

Come fece, per i pochi anni che è riuscito a vivere, una stella del firmamento del jazz, Michel Petrucciani, nato con una patologia rara che ha deformato il suo fisico a causa delle ossa fragilissime; eppure, se avrete l'occasione di conoscere la sua musica, capirete quanta meraviglia è scaturita da tanto dolore. Ascoltate *Bésame mucho* interpretata da quel giovane pianista, che, seduto con fatica alla tastiera del pianoforte, suona quel brano come se fosse l'ultima volta che lo eseguirà.

Bisogna cantare ringraziando la vita – come dice la famosa canzone scritta da una strepitosa cantautrice sudamericana, la cilena Violeta Parra – perché ci ha donato gli occhi per vedere il mondo, le orecchie per sentire, la lingua per gustare l'esistenza, il pensiero per andare oltre ogni dolore, ogni lacrima.

Cantano le donne e gli uomini coraggiosi, magari miserabili alla nascita, ma liberi, come quella ragazza inferma che non smette di agitarsi e di incitare i suoi coetanei a ribellarsi alla noia, all'inedia, all'assoluta apatia cui molti sembrano essersi adattati.

Chi ha sofferto – qualsiasi sia stata la causa e la forma di quel dolore – non darà mai tutto per scontato, chi sopravvive nell'agio sì.

Edvard Munch, pittore norvegese noto per aver dipinto *L'urlo*, tra le opere più riprodotte della storia dell'arte, che non aveva avuto un'infanzia felice, ma funestata da lutti e malattie, diceva: «Senza paura e malattia, la mia vita sarebbe una barca senza remi...».

Quando incontro i ragazzi di una scuola, spesso ripeto queste parole e chiedo loro di studiare le biografie delle persone che amano e che hanno eletto a punti di riferimento: così scopriranno che a nessun genio o a nessuna popstar è stato risparmiato quell'angolo scuro che si chiama dolore, anzi, impareranno che la loro straordinaria bravura nasce da uno scoglio battuto da una tempesta, non da una comoda e spensierata vacanza nei mari del Sud.

Quinta giornata

Discutere non è questione di metodo, ma di merito

Se c'è una cosa che apprezzo in una persona è che sia discutibile, nel senso che faccia discutere per le idee che propone, lo stile di vita e i comportamenti che ha adottato, il che non avviene infrangendo la legge, ma imponendo una propria visione di sé. Che vi siano così pochi uomini e donne discutibili per molti è un sollievo, per me è il segno di un declino culturale.

Essere indiscutibili significa essere «normali», accontentare tutti, ricercare e ottenere il più ampio consenso come se questo fosse indice di chissà quali qualità dell'essere umano. Più consenso meno atipicità, quindi più omogeneità, dunque miseria creativa.

Non c'è stato creativo o artista nella storia che non fosse discutibile, ogni genio ha suscitato posizioni contrapposte, istigato dibattiti anche feroci. Chi non fa discutere è per definizione un mediocre, un invisibile, un inconsistente. Se si chiama «personalità», significa che quella persona rappresenta ciò che caratterizza un'unicità, non che celebra la neutralità del proprio modo di pensare.

Oggi sembra che la normalità sia diventata una moda, quasi nessuno si arrischia a proporre un'idea nuova (perché sarebbe inevitabilmente discutibile), l'imperativo è fare il minimo sforzo mentale possibile.

Il pensiero è provocatorio per definizione, nel senso che non può essere sempre ecumenico, ma deve creare scompiglio dialettico. Da giovane ho visto i miei maestri discutere animatamente fino a notte tarda, bicchiere di whisky da una parte, posacenere con una sigaretta senza filtro dall'altra. Io ovviamente non partecipavo a queste dispute garbate quanto decise. Ascoltavo e imparavo. Per esempio, a non avere paura di sparigliare, a non stancarsi di difendere la propria posizione, ma anche ad avere il coraggio di correggersi, di modificare il proprio pensiero, che non deve mai essere rigido e invalicabile come le mura di un castello medievale.

Entrare nel merito di una questione e discuterne è sintomo di umiltà, difendere a oltranza le proprie idee anche quando sono evidentemente sbagliate è il segno della povertà intellettuale di una persona. Una volta un mio maestro mi ammonì: «La cultura, come le idee, è come la marmellata, meno ce n'è e più la devi spalmare...».

Il pregio di un pensiero è la stratificazione, dipende dagli incontri avuti che si sommano nel corso degli anni, da quante parole hai ascoltato, da quanto sei stato capace di metterti, ogni volta, in gioco.

La cultura digitale ha espressamente frenato la crescita del pensiero, contrapponendogli una profusione di sterili anatemi. Si tende a preferire il metodo, che deve essere immediato e accusatorio, al merito che porta alla fatica di costruire una propria opinione.

Sesta giornata

Il capolinea della civiltà: morire comodi

C'è una novità lessicale che molti hanno non solo accettato con fervore, ma anche fatto propria tanto da trasformarla in una sorta di nuova visione esistenziale, un *modus operandi* da applicare a ogni dettaglio dell'esistenza.

Il termine è *comfort zone*, ed esprime l'idea che la vita debba diventare improvvisamente un tempo improntato alla comodità più esplicita. Se avessi cercato di spiegare a mio padre, a mia madre o ai miei nonni che cos'è la *comfort zone*, avrebbero condensato il concetto in una parola, scansafatiche, o forse si sarebbero messi a ridere: nessuno della loro generazione ha mai pensato, nemmeno per un attimo, che l'esistenza potesse essere così svuotata di senso. Invece questo neologismo sta spopolando.

Non sarà un caso se uno degli oggetti più pubblicizzati fra un programma televisivo e l'altro o sui social sono i divani. Di tutti i tipi, di pelle o di stoffa, eleganti o lineari, più o meno soffici a seconda del materiale di cui sono imbottiti, piume o ovatta. E poi ci sono quelli fatti a L per sdraiarsi completamente o che hanno un «movimento relax» comandato da un pulsante che agevola l'estensione delle gambe come se fossimo diventati tutti, improvvisamente, anziani e con le vene varicose.

Un tempo per pranzare o cenare ci si riuniva attorno a una tavola, oggi il rito laico e sociale di una famiglia o di una piccola comunità di amici, il mitico *tv dinner*, si consuma meno solidaristicamente su un divano davanti a uno schermo seguendo una partita o, ancor più spesso, una serie televisiva.

L'importante non è con chi lo si fa, ma quanto si sta comodi.

Qualcuno potrebbe obiettare che non c'è niente di male a fare pubblicità a un divano, ed è vero, se non fosse che il problema è proprio in ciò che quell'oggetto promette: la comodità.

Il pensiero è scomodo per definizione, quindi la *comfort zone* ha la funzione, lo si voglia o no, ce ne si accorga o meno, di indebolire ogni funzione mentale.

Me ne sono reso conto da quando parlo in pubblico in un teatro. Un tempo, per essere gentili con me, gli organizzatori preparavano il palcoscenico con una comodissima poltrona. Poi ho capito che quella situazione non mi permetteva di dare il meglio di me, in quanto confortevole. Così sono stato costretto a cambiarla proprio perché facevo fatica a parlare, ad argomentare il mio pensiero in quanto quella comodità mi allontanava dalla gente, mi intorpidiva la mente. Per comunicare con il pubblico, per tenere il filo di un discorso, occorre stare scomodi, magari su una semplicissima sedia da osteria o su uno sgabello che non permette di assumere una posizione di rilassatezza, ma che è in sintonia con ciò che stai cercando di dire, che deve essere anch'esso scomodo, altrimenti non raggiunge lo scopo di arrivare nell'anima di chi ascolta.

Lavorare in un teatro non insegna che questo: non fare nulla di facile o di facilitante. Siamo talmente abituati a non fare fatica che le prime volte che andavo a tenere una serata pubblica, i tecnici mi proponevano sempre di spegnere le luci in sala. «È così che siamo abituati a fare, è così che fanno tutti...» mi rispondevano per giustificare il loro modo di operare.

Se il palcoscenico è l'unica zona illuminata, per l'attore o per il conferenziere tutto diventa più facile perché non vede il volto degli astanti e quindi non sa se sono partecipi o distratti; la stessa cosa vale per il pubblico: il buio non obbliga all'attenzione, c'è chi si fa perfino un pisolino durante lo spettacolo e tu, che sei sul palcoscenico, devi fare di tutto per svegliarlo.

Per me ha senso solo parlare vedendo i volti delle persone: è l'unico modo che conosco per comunicare, che comporta fatica sia per chi parla sia per chi ascolta. Altrimenti s'innesca il meccanismo della replica, che non richiede alcuno sforzo, ma nemmeno alcun pensiero.

Picasso diceva che il 90 per cento della sua arte era fatta di sudore: parole che riassumono la sintesi dell'anti-*comfort zone*. In quel sudore c'è un pensiero, un'ambizione, un sogno, nella comodità l'esatto contrario.

Molti giovani oggi sembrano cercare solo impieghi che garantiscano la facilità, come se un lavoro dovesse essere privo di passione. Ma lavorare senza passione è una pena totale, non si suda, però si fa una fatica enorme, quella di autoreprimersi.

È proprio la comodità che trascina una civiltà verso il baratro. L'innovazione pretende il contrario.

La *comfort zone* è la celebrazione della resa mentale, la vittoria della delega del nostro potenziale talento al nulla travestito da algoritmo. In questo la cultura digitale esprime la propria fragorosa contraddizione.

Settima giornata

Bàdati

Quando arrivava l'estate, ovvero quando finiva la scuola, a casa ci si preparava a partire. Non si trattava di un viaggio lungo e nemmeno complicato, si andava al mare non distante dalla città dove allora vivevo, Padova.

Il nome della località non lo ricordo con esattezza, ma era un appartamento al secondo piano di una villetta nei pressi di Milano Marittima. Era immersa in una pineta, c'erano tante pigne da cui estrarre pinoli e un'immensità di zanzare. A quelle ci pensava mia nonna Maddalena, detta Lena, armata di una pompetta che spruzzava DDT, che all'epoca era ancora legale (poi fu proibito perché sospettato di essere una sostanza cancerogena) e che tutti chiamavano «Flit».

Del gruppo, oltre a mia nonna, facevamo parte mia madre, mia zia, mio fratello e io. Mio padre accompagnava noi fratelli e la mamma con la sua mitica Alfa Romeo Giulia 1300 azzurrina (mia nonna e mia zia ci raggiungevano con il treno), poi tornava in città a lavorare e noi rimanevamo in quell'appartamento non lontano dalla spiaggia fino alla fine di agosto. Insomma, tutta l'estate.

C'erano altri bambini e bambine nella zona, così potevamo giocare, quando non si andava in spiaggia, nei giardini di quelle villette o nella pineta.

Lì mia nonna incontrava, quasi fosse un appuntamento prefissato, un'altra donna che, come lei, parlava un dialetto romagnolo assolutamente incomprensibile, per di più con una cadenza stretta e velocissima. La signora si chiamava Postumia e, come mia nonna, portava uno chignon con cui raccoglieva i capelli sopra la testa fermati da uno spillone. Loro facevano un sacco di cose, soprattutto cucinavano per pranzo e per cena. Ricordo una piccola graticola che funzionava a carbone sulla quale disponevano pomodori tagliati in due riempiti di mollica di pane, aglio e prezzemolo. Erano straordinari, non ne ho mai più mangiati di così buoni.

Io credo di essere stato uno dei bambini più agitati della combriccola: correvo a piedi e in bicicletta, sudavo e cadevo, una volta mi ruppi persino un braccio e mi dovettero portare in ospedale dove mi ingessarono fino alla spalla: mi piaceva esibire quel braccio bianco romanticamente firmato da tutti i miei amici della compagnia e decorato da qualche ghirigoro che mi facevo da solo.

Per quanto ne combinassi di tutti i colori, mia nonna e la sua amica, sedute una di fronte all'altra a sbucciare i piselli o a sferruzzare, non smettevano mai di parlare e di raccontarsi cose incomprensibili per via della stranissima lingua che usavano (e che sentivo solo in quell'occasione estiva).

Era come se non fossero interessate a noi bambini e non temessero che da un momento all'altro potessimo cadere dalla bicicletta lanciata sulla ghiaia del sentiero o dalla piccola scalinata aggrappata al muro della villetta.

Solo di tanto in tanto, mia nonna distoglieva lo sguardo dalla carbonella o dai ferri con cui produceva l'ennesimo maglione per l'inverno e proferiva un solo verbo, credo indirizzato proprio a me: «Bàdati». Tutto finiva lì, e lei e la sua amica riprendevano a fare ciò che era stato per un attimo interrotto. Soltanto quel verbo, pronunciato con il tono perentorio che si addice alla persona più autorevole.

Una parola che probabilmente non è mai uscita dalle labbra di Maria Montessori, ma che fa parte della sua visione e del suo «metodo»: mia nonna non l'aveva certo studiata, ma il buon senso educativo di quelle due donne era straordinariamente simile.

All'epoca non potevo sapere che quel verbo proferito con fermezza e dolcezza potesse contenere il concentrato più sublime di un'esperienza educativa.

L'esatto opposto di ciò che accade oggi. Per lei era come se mi stesse dicendo: «Quanti anni hai? Sette o otto? Bene, finora non hai dato prova di essere molto intelligente e nemmeno di avere del buon senso, ma io voglio comunque poter credere in te, anzi, scommetto su di te, su ciò che potresti diventare e che ancora non sei. Per questo ti dico di badare a te stesso, perché se imparerai a farlo ti sarà utile percorrendo la tua vita, soprattutto quando io non ci sarò più e nemmeno i tuoi genitori».

Badarsi significa diventare autonomi, capaci di rialzarsi dalle cadute, pulirsi le ferite che ti sei procurato, senza troppo lamentarsi o chiedere sempre aiuto agli altri, i più grandi. Perché tu, anche se ancora non lo sai, sei già grande.

Mia nonna Lena era una donna semplice e straordinaria allo stesso tempo. Un parente che l'aveva conosciuta bene mi scrisse tempo fa per raccontarmi di quella donna che, quando andava a trovare la sua famiglia d'origine, a un certo punto della giornata indossava un turbante azzurro indaco, prendeva una bicicletta e andava sulla spiaggia da sola a respirare l'odore del mare e a farsi scaldare dal sole. Semplicità e diversità.

Per questo poteva raggiungere quelle vette di intelligenza educativa riassunte in un unico verbo. Era libera lei, innanzitutto. Quindi non poteva che partire da questa esigenza insopprimibile e trasferirla a chi stava crescendo. Forse aveva visto in tutta la mia baldanza, in quella mia perpetua agitazione, una caratteristica non negativa, a differenza di quello che pensavano i miei insegnanti e i genitori dei miei compagni di gioco, tutti preoccupati per il mio irruente modo di essere.

Aveva capito che non occorreva «domarmi», guidarmi con redini e frustino come un cavallino selvaggio, bensì condurmi alla consapevolezza di me, dei miei limiti e dei miei, eventuali (ma come faceva a prevederlo?), talenti. Tutto era intuitivo, e questo per la sua generazione e la sua provenienza contadina era già sbalorditivo.

Come se mi volesse dire: «Hai una testa? Allora usala per guidare te stesso, e non pensare che lo debbano fare gli altri perché altrimenti troverai persone che non vedranno l'ora di dominarti, di limitare i tuoi slanci salvifici». Quel verbo assomiglia a un concetto molto montessoriano: «Ogni bambino possiede un proprio talento, tutti». Lena non conosceva la Montessori, ma ragionava nello stesso modo, guardava all'infanzia con straordinario ottimismo, come se fosse, si direbbe in questo tempo, la migliore startup.

Oggi funziona tutto al contrario. Non solo genitori e educatori pensano che occorra controllare, gestire le proprie creature, ma arrivano al punto di ritenere che educare, far crescere, implichi togliere libertà e coraggio di credere in se stessi.

Non si dice più «bàdati», nessuno oserebbe tanto, ma l'esatto opposto: ci penso io a te, basta che tu faccia come ti dico. Il genitore badante rappresenta uno dei tanti orrori che sembrano essere tra i più condivisi.

Ciò che guida oggi un educatore assomiglia stranamente a qualcosa che avevo sentito dire da un ufficiale dell'esercito il primo giorno del servizio militare (che poi riuscii a non fare, grazie all'appoggio del mio professore di neurologia, «simulando» un'epilessia legata alla frattura della parte occipitale del mio cranio, che effettivamente avevo subito in un incidente stradale). Avevano fatto disporre noi reclute in cerchio nell'enorme cortile della caserma «Piave» e poi lui, ben dritto al centro, ci aveva intimato: «D'ora in poi non dovete fare niente di vostra iniziativa».

Rimasi molto colpito da quella frase autoritaria, forse proprio perché venivo dall'educazione di mia nonna Lena e, naturalmente, anche da quella di mia madre e di mio padre. L'idea che bisognasse privarsi dell'iniziativa, quindi del pensiero, aveva scosso me, ma non altrettanto i miei commilitoni, che forse non avevano potuto sviluppare gli stessi anticorpi contro la dipendenza che mi erano entrati nella pelle, insegnandomi a dubitare di chi mi costringesse a ripetere passivamente ciò che veniva comandato.

Ogni tipologia di personalità rigida (caratteristica pericolosa in quanto indisposta al cambiamento) predispone alla mancanza di iniziativa mentale, ovvero al tendenziale azzeramento del proprio pensiero.

Se chiedessi a un ragazzo o a una ragazza quante decisioni hanno preso ieri, credo che non riuscirebbero a ricordarne nemmeno una importante, proprio perché ai nostri giorni ciò che conta è controllarli e non lasciare spazio alla loro intraprendenza.

Nonna Lena riusciva a rinvigorire l'autonomia e l'autostima di un bambino prima ancora che le sue capacità fossero venute alla luce. Bisogna credere in una rosa prima che sbocci, questa è la maestria di un bravo giardiniere.

Tutti sono capaci di complimentarsi con un ragazzo o una ragazza quando ha conseguito la seconda laurea; il vero educatore sa avere fiducia in lui/lei quando ancora il suo talento non ha prodotto nulla di eclatante o addirittura quando commette un errore.

Forse le generazioni passate erano costrette a fidarsi di quelle nuove, si cresceva in fretta e a 18 anni si era già adulti; oggi tutto si è rallentato, e la fiducia nei giovani è sfumata ed è stata sostituita dal controllo, esercitato magari attraverso algoritmi. Ma non ci rendiamo conto che più c'è controllo, più l'ansia degli adulti viene riversata sui ragazzi, che dovranno vivere sotto il peso di un'ossessione che toglie spazio tanto all'errore quanto alla gioia di averlo riconosciuto e superato.

Ottava giornata

Un papà e un asciugacapelli

Quando mi hanno raccontato questa storia ho fatto fatica a crederci, ma poi mi sono arreso: è parte della nostra cultura, è ciò che molti (non saprei se la maggioranza) pensano. Forse cambia qualche dettaglio, ma il ragionamento finale non muta.

Accade a Berlino – e questo credo possa far tirare un sospiro di sollievo a molti italiani e italiane che subito penseranno di non essere gli unici ad aver imboccato il disastroso *new deal* educativo –, ma, secondo me, potrebbe succedere domani anche dalle nostre parti, anzi, temo che questo aneddoto potrebbe fare «scuola».

Pare che nella capitale tedesca molti adulti, genitori di adolescenti iscritti alla scuola media superiore, abbiano «scoperto» una cosa terribile, nemmeno si trattasse di una sconosciuta epidemia: i loro ragazzi e ragazze amano fare sport durante l'orario scolastico, giocano a basket o a pallavolo; quindi, alla fine dell'ora di ginnastica si ritrovano sudati, soprattutto in un punto preciso del loro corpo, la nuca.

Non è una novità per nessuno, direte voi, solo che ciò che è cambiato in modo sorprendente è la reazione emotiva degli adulti di fronte alle lagnanze dei figli per un eventuale torcicollo provocato dal sudore che non sono riusciti ad asciugare bene dopo l'attività ginnica.

Alla mia generazione non è mai venuto in mente di lagnarsi per questo, eppure anche noi ci agitavamo durante quell'ora. Soltanto che sapevamo che spettava a noi asciugarci al meglio, perché altrimenti, una volta usciti da scuola, soprattutto se fosse capitato in un mese invernale, ne avremmo dovuto patire le conseguenze.

A Berlino, invece, hanno vinto i sensi di colpa degli adulti nati dalle lamentele dei loro principini e principesse sofferenti per l'immane dolore. Non più ragazzi e ragazze provvisti di asciugamano (che sarebbe ritenuto *old fashion*), ma genitori improvvisamente angosciati dalle possibili conseguenze artrosiche di una loro noncuranza. Com'è ovvio, non si poteva chiedere all'insegnante di ginnastica di provvedere a questo compito; quindi, molti papà e mamme si sono chiesti come si poteva evitare il danno cervicale.

Semplice, deve aver detto qualcuno con l'atteggiamento di chi aveva scoperto l'uovo di Colombo: basta che agiamo noi genitori munendoci di un asciugacapelli.

Ve li immaginate un papà o una mamma che a metà mattina lasciano ciò che stanno facendo per precipitarsi ad asciugare i capelli bagnati del proprio rampollo che ha appena terminato una partita di volley? Io faccio fatica, ma pare che i nuovi genitori non conoscano il senso del ridicolo.

Mi chiedo, infatti, che cosa possa portare un adulto a perdere la propria dignità e ad avere una visione tanto offuscata del futuro. Come si può non pensare che in questo modo questi ragazzi e ragazze non potranno che crescere deboli e fragili? Una fragilità psicologica che «transita» dai genitori ai più giovani.

Se avessi visto mio padre e mia madre così apprensivi, anch'io avrei cominciato a credere che fosse legittimo, anzi auspicabile, alzare la mano al primo momento di frustrazione e chiedere aiuto nella certezza di riceverlo immediatamente.

Non è un caso se una gran parte dell'opinione pubblica ritiene che uno dei compiti più urgenti del ministero dell'Istruzione sia incrementare il numero di psicologi nelle scuole, come se fossimo di fronte a una vera e propria pandemia di disagio psichico. Ben pochi riescono a capire che la causa di questo straripante male di vivere, che i ragazzi e le ragazze denunciano a volte pubblicamente, è l'ansia che oggi s'intravede nel comportamento dei genitori e degli adulti in genere: quella costante e strenua volontà di accudimento, di un ossessivo controllo su tutto ciò che potrebbe nuocere al bambino o all'adolescente, perfino il sudore sulla nuca.

Si tratta, con tutta evidenza, di un crollo verticale dell'autorevolezza genitoriale, ma anche di quella dell'istituzione scolastica.

A questo proposito, però, c'è una buona notizia, segnale che ciò che vado dicendo da anni comincia a essere condiviso da chi non vuole più soltanto lamentarsi, ma comincia a pensare – sottolineo «pensare» – di proporre una via d'uscita percorribile e di buon senso.

Un gruppo di genitori veneti, in accordo con le autorità scolastiche locali, ha proposto un'idea che avevo avanzato in un mio vecchio libro, *Non siamo capaci di ascoltarli*. Allora la chiamai *common concern*, ovvero un patto intergenerazionale che consenta di gestire i rapporti tra adulti e adolescenti (un'idea che potrebbe valere, con i dovuti cambiamenti, anche per i bambini) basandoli su regole chiare e semplici.

Si tratta di un vero e proprio patto che vincola le persone che lo sottoscrivono. Faccio un esempio. All'atto di iscrivere la figlia o il figlio in una scuola superiore, un genitore e il ragazzo stesso prendono visione delle regole comportamentali di cui l'istituto si è dotato – beninteso, dopo che sono state discusse e approvate non solo dal responsabile, ma anche da tutti i docenti – e che dovranno disciplinare quel rapporto.

In questo modo tutti sanno a che cosa si va incontro se accade qualcosa che esula da quelle regole condivise. Se, per esempio, un alunno rompe volontariamente qualche oggetto della scuola, nelle ore pomeridiane dovrà aiutare la persona chiamata a riparare ciò che è stato danneggiato. Come dire: patti chiari per tutti. Si evitano così spiacevoli e patetiche polemiche su cosa è giusto fare e su quali sono le regole eventualmente infrante, giacché tutti conoscono quali sono le conseguenze dei propri atti.

Un patto per la crescita e la responsabilizzazione dei ragazzi e degli adulti, ognuno con i propri ruoli, ognuno con i propri diritti e doveri: se non fosse solo l'esperienza di un piccolo gruppo di genitori volenterosi e pragmatici, ma diventasse pratica condivisa in molte altre realtà del paese, si creerebbe una sorta di modello cui far riferimento proprio perché non calato dall'alto di un ministero, bensì sostenuto da famiglie e comunità educante.

Tutto parte dall'idea di una responsabilizzazione, dall'idea che crescere non è il compito e il fine solo delle generazioni più giovani, ma anche di ogni altra, quella dei nonni compresa.

Basta un foglio di carta, un documento che attesta la serietà di una scuola e una nuova consapevolezza da parte di madri, padri e studenti. Tutti sanno tutto prima e i conflitti, o comunque la maggioranza di essi, potrebbero essere addirittura prevenuti.

Per un liceo o un istituto scolastico sarebbe anche un bel modo di presentarsi alla comunità, con un'identità chiara che lo distingue dalle altre scuole. Una giusta competizione fra chi ha l'idea più convincente, uno strumento per aiutare genitori, ragazzi e ragazze a scegliere consapevolmente dove trascorrere cinque anni così importanti nella vita.

P.S.: In quell'accordo letto e sottoscritto dalle parti interessate non è previsto che un papà o una mamma debbano essere forniti di un asciugacapelli. La nuca, i ragazzi e le ragazze se la devono asciugare da soli, ben s'intende.

Nona giornata

Cuor di Leone abita in Australia, don Abbondio in Italia

Forse bisogna fare un viaggio dall'altra parte del mondo per trovare un po' di buon senso, ma ne vale assolutamente la pena.

È un argomento che ho trattato molte volte, talmente tante che mi viene un po' di nausea a ritornarci sopra, ma so anche che è mio dovere farlo.

Lo spunto viene dal primo ministro australiano, Anthony Albanese, che ha definito i social media «un motore di ansia, un veicolo di truffatori e, cosa peggiore, uno strumento per predatori online». Il fatto è che non si è limitato a un'esternazione in un comizio o in Parlamento, anche se credo che lo avesse già fatto. Questa volta ha preso, come si suol dire, carta, penna e calamaio e ha proposto al suo governo un disegno di legge che è oggi, a tutti gli effetti, vigente: è proibito ai minori di 16 anni di fare uso dei nuovi sistemi comunicativi.

C'erano già stati tentativi in tal senso da parte di altri paesi anche europei, come l'Inghilterra e la Svezia; si è mosso pure il nostro ministero dell'Istruzione (peraltro, occorre notare che il pur utile tentativo è stato lasciato cadere nel dimenticatoio dal suo stesso governo e dal Parlamento).

Nonostante lungimiranti esperti italiani abbiano cercato di dar man forte a queste proposte (anch'io, nel mio piccolo, l'ho fatto pubblicamente partecipando a trasmissioni televisive e ribadendo la stessa assoluta convinzione in libri pubblicati negli anni scorsi), permangono ancora un silenzio e un'indifferenza difficili da interpretare, essendo questo un argomento che dovrebbe interessare la stragrande maggioranza delle famiglie italiane e l'intero sistema scolastico. Più si è giovani, infatti, più si diventa permeabili a queste novità perché sono state progettate e realizzate in principal modo per sedurre chi sta entrando nella vita adulta e libera.

Niente da fare, il dibattito politico e quello fra gli addetti ai lavori ha partorito un nulla di fatto, tutto viene lasciato perdere, come se fosse imbarazzante, scomodo. Forse c'è pure di peggio: una malcelata inclinazione a essere proni di fronte al volere e alle necessità commerciali delle aziende multimilionarie coinvolte in questo settore così remunerativo.

Non voglio pensare che i genitori nostrani siano così sensibili alle pressioni delle lobby che rappresentano gli interessi delle aziende tecnologiche internazionali. Sarebbe ridicolo, anche se quelle pressioni esistono e incidono sulle politiche nazionali e sovranazionali per la semplice ragione che in ballo ci sono guadagni da trilioni di dollari.

Ma nonostante la diffusa tendenza a lasciar perdere, qualcosa anche qui si muove in controtendenza: forse un po' di buon senso non c'è soltanto dall'altra parte del pianeta, ma anche a poche decine di chilometri da noi.

Succede in un istituto tecnico dove studenti, studentesse e insegnanti si sono chiesti se potesse esserci un'alternativa a questa invasione di strumenti di distrazione di massa. Se lo sono chiesti proprio loro, insieme, senza complessi ideologici, contrapposizioni fittizie e senza aspettare che la proposta cadesse dall'alto delle istituzioni come manna dal cielo (salvo poi rigettarla proprio per la sua natura d'imposizione), ma con uno spirito pratico tipico di chi è coinvolto in una transizione che vuole governare e non subire.

Il primo problema che è balzato all'occhio è che non si può dire «telefonino no o telefonino sì», non si può proibire o accettare supinamente: sarebbe un modo di pensare tipico di un computer, che funziona basandosi su due sole cifre, 0 e 1. Porsi questa questione mette davanti a scelte diverse e soprattutto richiede un pensiero obliquo, in parte divergente dalla solita, un po' desueta e dicotomica polemica tra passatisti e progressisti. La domanda è semplice e innovativa: se non si vuole usare uno strumento digitale, che si fa?

In altre parole, la questione, tutt'altro che banale, è stata sollevata proprio nel luogo in cui si vive e si studia. Se si guadagna del tempo perché non si è impegnati con uno schermo in mano, che altro si può fare?

Mi è sembrato geniale che un problema che solitamente viene impostato dagli adulti in modo o repressivo o carico d'indifferenza portasse a cercare di capire come la scuola (ma, perché no, anche la vita più in generale) potrebbe cambiare i propri paradigmi, ovvero affrontare le nuove sfide. E si scopre che la responsabilità di molto di ciò che sta accadendo non è della tecnologia digitale *tout court*, ma dell'architettura del nostro tempo quotidiano.

I ragazzi si sono chiesti: «Se io lascio il telefonino fuori dalla mia classe, tu – scuola, insegnante – cosa mi dai in cambio?». Come si vede, non si tratta di una domanda ricattatoria, ma di una giusta e sacrosanta richiesta di un indennizzo esistenziale e formativo. Sarebbe come se un giovane ci dicesse: «Siete voi che ci avete impoverito l'esistenza e noi abbiamo dovuto (e potuto) riempirla con la tecnologia che ci avete fornito». Un ragionamento che non fa una piega, una perfetta ricollocazione della questione in termini meno semplicistici di un «no» o un «sì».

È quindi la scuola che deve dare una risposta inventandosi ciò che non c'è, non un diversivo, ma un progetto più ingegnoso e allettante dell'intelligenza tecnologica.

Se si vuole che un giovane non sia attratto solo e soltanto da uno schermo, da nuove app che vengono sfornate ogni giorno o dai social network, allora tocca a noi cercare l'antidoto, partendo proprio dal reinventare quel tempo, possibilmente proponendo qualcosa di seduttivo, coinvolgente.

Ecco che nell'istituto di cui parlo, dopo aver fatto la prima mossa che consiste – per alunni e insegnanti parimenti – nel lasciare ogni strumento digitale personale in uno zainetto o in un cassetto all'entrata (il che non esclude, ovviamente, la possibilità di utilizzare i computer per fare ricerca prevedendo un'aula apposita), è iniziato un intenso dibattito su come usare il tempo-scuola in maniera alternativa. In questo progetto tutti hanno avuto un ruolo, dalla dirigenza ai ragazzi e ragazze appena iscritti, passando attraverso insegnanti e operatori.

Se si vuol lasciare una cosa, occorre inventarne un'altra che vada ben al di là delle solite materie curriculari. Ci vuole molta danza, teatro, sport, discussioni collettive o per gruppi, attività artigianali. La scuola così rinasce come fabbrica ininterrotta di idee, di progetti. In una parola: di pensiero. Un nuovo Rinascimento dello spirito ma anche della manualità, che alla fine darà molta più soddisfazione e divertimento di un semplice schermo.

Ricordo la mia esperienza con Nino Migliori, grande e innovativo fotografo bolognese (oggi quasi centenario...), in una scuola elementare in Valsugana. Uno sponsor aveva comprato su nostra richiesta una piccola macchina fotografica, quelle tipo usa e getta, per ogni bimbo e bimba. Poi la maestra ha dato un tema semplice: «Descrivi un bosco». Finita la parte di scrittura, siamo andati tutti assieme nel bosco vicino alla scuola e tutti i bimbi hanno scattato le foto che preferivano. Tornati in classe le abbiamo viste insieme, ognuno ha scelto quelle che riteneva riuscite meglio e poi la maestra ha chiesto di scrivere un altro tema sul bosco.

Alla fine di tutti questi passaggi, Nino ha detto: «Guardate i temi che avete scritto adesso e confrontateli con quelli che avete compilato la prima volta, così potrete scoprire che questa esperienza all'aria aperta ha cambiato perfino il vostro modo di scrivere». E se avessimo chiesto: «Quanti verdi ci sono nel bosco?», tutti i bambini avrebbero risposto: «Tantissimi, migliaia, uno diverso dall'altro».

Una piccola idea, un grande risultato. Un'esperienza che ha fatto maturare una consapevolezza diversa. Ovvero una capacità di pensare in maniera più profonda.

A chi dice che non c'è altra strada se non quella tracciata da milioni di schermi, i ragazzi di quell'istituto superiore risponderebbero che non è vero, perché sono stati capaci di mettere in pratica qualcosa di diverso senza peraltro demonizzare nulla.

Non si può essere dicotomici soprattutto su questi argomenti, non esiste solo il «no» e il «sì», lo 0 e l'1, bensì una miriade di sfumature che articolano pensieri meno prevedibili e omogenei.

Basterebbe un po' di creatività, un po' di amore, ma anche un po' d'impegno da parte di ognuno di noi.

La caccia alle streghe non ha mai portato alcun avanzamento, per risolvere un problema non serve stigmatizzarlo, ma ci vuole il coraggio di pensare che insieme si può creare un mondo migliore che non riproduce zombi, bensì esseri pensanti e autonomi dalla cultura dominante, in altre parole «innovativi». Non è questione di «posizionamento» ideologico tra i fautori a oltranza della tecnica digitale e i suoi detrattori timorosi di perdere le loro vecchie rendite di posizione, artigliati caparbiamente al passato e sordi a qualsiasi alito di cambiamento.

Il futuro è e sarà sempre più ibrido, questa è la sfida all'intelligenza umana. Non tutto del passato potrebbe diventare parte del futuro, ma sarebbe ridicolo pensare che educare implichi una genuflessione a qualsiasi prodotto esca dalla fucina dei maghi del digitale. C'è un limite che l'umano non dovrebbe mai superare a rischio di diventare patetico. E molti propagandisti del *new deal* digitale l'hanno ampiamente oltrepassato. Ma c'è di peggio: il consenso che il patetico riesce a ottenere attraverso i social network. Ovvero: il patetico al quadrato.

Decima giornata

Marisa che metteva un'amarena sulla neve

C'era una volta a Bologna una piccola scuola elementare con un giardinetto contornato da una rete metallica un po' malmessa. Con l'avvicinarsi del Natale i bambini e le bambine che la frequentavano aspettavano sì le feste, ma soprattutto la neve. Perché a quell'epoca, parlo di una quarantina di anni fa, nevicava tutti gli inverni e anche tanto.

Un appuntamento meraviglioso perché, subito dopo aver pranzato – era una scuola a tempo pieno, quindi i bambini rimanevano fino alle quattro del pomeriggio –, ognuno prendeva un bicchierino di plastica e, scostando un poco la rete in un punto in cui si era staccata dal sostegno, raggiungeva il campo confinante dove il manto era già diventato alto e soffice tanto da arrivare alle ginocchia.

Oltrepassata la rete, tutti i bimbi andavano a riempire il bicchiere con la neve appena scesa, quella che sembrava farina, e poi tornavano in classe perché sapevano che la maestra Marisa, una signora molto robusta e sempre sorridente, conservava una bottiglia portentosa: l'Amarena Fabbri, uno sciroppo denso e dolcissimo che conteneva anche qualche ciliegia, che lei distribuiva rigorosamente una per bicchiere, e che faceva cadere centellinandolo sopra la neve fresca come fosse un liquore preziosissimo. Una delizia da raccontare a casa alla sera, come fosse l'evento degli eventi. Una sorta di granita invernale, forse ancora più buona di quella che si consumava d'estate sulla spiaggia.

Certamente Marisa non ci sarà più, forse anche quella scuola elementare sarà stata chiusa per questioni di razionalizzazione della spesa, perfino i campi che la circondavano e che sembravano fatti apposta per accogliere quelle nevicate saranno stati riempiti di capannoni o centri commerciali. Ma il ricordo di quella magia no, è impossibile da cancellare.

La signora che me lo ha raccontato ancora si emozionava ripensando a quegli inverni candidi e pieni di gioia.

Immagino cosa accadrebbe oggi se una maestra comprasse una bottiglia di Amarena Fabbri e autorizzasse i suoi alunni ad aprire un piccolo varco nella rete di recinzione per andare a raccogliere i fiocchi che planano lievi tra le risate e le urla di bambini felici. Semplicemente non sarebbe possibile.

La maestra si chiederebbe perché affrontare a proprie spese quell'acquisto, la direttrice impedirebbe ai bambini di uscire dal giardino striminzito della scuola per scappare in mezzo ai campi con la neve che arriva alle ginocchia, scostando addirittura una rete, rischiando raffreddori, piedi gelati e improperi del contadino padrone del terreno che deve rimanere immacolato.

Oggi, come ho sottolineato molte altre volte, le scuole tendono a essere luoghi irreggimentati da regole assurde (come il registro elettronico) oppure, al contrario, insanamente caotici, dove ogni giorno si fanno più o meno le stesse cose invece di lasciar emergere la creatività dei piccoli.

Non più bambini e bambine che si rincorrono, che si nascondono, che si arrabbiano, che si fanno gli scherzi, che s'imbrattano con il fango di una pozzanghera o si ritrovano con le mani intirizzite dal gelo, che costruiscono un pupazzo di neve e ci mettono pure una carota portata da casa.

Niente di tutto questo: è considerato troppo vecchio, stantio, ottocentesco.

Anche a casa emerge lo stesso assillo, così i nostri bambini devono trascorrere la loro infanzia in una specie di stabulario che chiamiamo stanza da letto, in solitudine davanti a dei monitor, dove il verosimile prende il posto di una realtà che non possono conoscere. È bizzarro che così tanti adulti vogliano che i loro pargoli crescano in un bunker piuttosto che all'aria aperta.

L'elemento che sembra caratterizzare meglio l'atto educativo oggi è il controllo, non la gioia di vederli crescere spensieratamente.

Sono rimasto colpito da una pubblicità che presenta le attività di una scuola materna. La prima caratteristica che viene messa in evidenza per impressionare i genitori e indirizzare la scelta di dove iscrivere i propri figli è la possibilità di controllare anche a distanza qualsiasi loro attività – svolta in classe, in corridoio, nei bagni, nella sala della mensa, in cortile – grazie a telecamere piazzate ovunque e cui è possibile accedere, attraverso un'applicazione, da qualsiasi smartphone di genitori o parenti. Come se una scuola materna dovesse assomigliare a uno zoo o a una gioielleria o a un carcere di massima sicurezza.

I figli come orologi di pregio da tenere in cassaforte, animali selvatici o ergastolani da sorvegliare. Il tutto nel modo più comodo possibile: da casa, dall'ufficio, dalla macchina o da una metropolitana, mentre si fa la spesa, in un centro estetico, in una palestra o tra una partita di padel e l'altra.

L'obiettivo spostato dalla gioia di crescere alla smania di gestire le ansie degli adulti, che una cosa vogliono sopra ogni altra: non sentire il peso dei sensi di colpa.

Uno strano atteggiamento, dal momento che, non appena superata l'infanzia o poco dopo, quell'idea di controllo si limita sempre di più all'orario scolastico, mentre per le ore notturne, già a 13 anni, vige l'ideologia del «liberi tutti», perché diventa politicamente corretto non chiedere, e non sapere, a che ora escono, dove vanno e quando pensano di rientrare.

L'amarena sulla neve nel bicchierino di plastica non comunicava ansia, ma solo il piacere un po' trasgressivo di vedere un bambino o una bambina che scalpita per uscire dalla classe, attraversare il cortiletto e infilarsi, temerariamente, nel pertugio della rete che divide quel luogo dall'orizzonte indefinito, dove il nevischio impedisce di scorgere se un altro pezzo della città vive lontano da lì. Anzi, è proprio quella lontananza da casa, quel tentativo di non essere visti e scoperti a dare vitalità e a trasformarsi in un ricordo che l'età non arrugginisce, ma consolida nella parte più commovente della memoria.

Anche una piccola evasione può diventare desiderio, oggetto di complicità fra bambini che impareranno quanto è bello trasgredire una volta tanto, soprattutto quando fuori nevica e il campo sconfinato diventa irresistibile, e sapendo che ci sarà un'amarena dolcissima ad aspettarli.

Undicesima giornata

La scuola aeroporto

Basta capitare davanti a una scuola elementare all'ora in cui i bambini e le bambine entrano per ascoltare il rumore che normalmente si sente in un aeroporto. Non parlo della partenza o dell'atterraggio dei velivoli, né delle voci che annunciano gli orari e i gate che bisogna raggiungere, mi riferisco piuttosto al rumore che viene da decine e decine di trolley trascinati non già da affrettati turisti o da compassati uomini d'affari, ma da creature che a stento arrivano a un metro di altezza. Dicono che sia l'evoluzione naturale dello zainetto.

Io e mio fratello, come tutti i nostri coetanei, quando frequentavamo le elementari, ma anche le medie e il liceo, portavamo una cartella di cuoio pesante anche da vuota, con un manico rigido e spesso. Ricordo la sensazione, che ho percepito per anni, dei calli sul palmo delle mani, all'attaccatura delle dita: il segno della fatica di andare a scuola. E non c'era nessuno in famiglia che si proponeva di aiutarmi: gli adulti di quei tempi avevano ben chiaro che i calli erano parte integrante della fortuna di poter studiare, imparare a leggere e a scrivere, conseguire un diploma, sperare in una vita meno grama di milioni di contadini e operai che si alzavano prima di noi e tornavano a casa quando era già buio.

Il peso e la fatica di portare quella cartella erano, e dovrebbero essere ancora oggi, una metafora di ciò che sarebbe poi successo nella vita e che, comunque, accadrà anche domani ai nostri piccoli.

Ciò che si respira è invece una grande ansia, sembra che i bambini siano fatti di porcellana o di cristallo, così fragili da rompersi nell'impatto con il primo problema, e quindi i genitori, in versione Esercito della Salvezza, si precipitano ad aiutarli in qualsiasi modo, come aquile che difendono il nido. Nemmeno più lo zainetto (riempito ovviamente dal genitore di turno), ma un comodo trolley che magari portano mamma o papà a guisa di sherpa himalaiani. Non hanno pudore a farlo, anzi sembrano quasi orgogliosi, pensano che quello sia il loro compito, non si accorgono che stanno trasformando quei piccoli in principini riveriti e serviti in tutto. Non capiscono che così cresceranno impreparati ad affrontare e risolvere i nodi dell'esistenza.

Bambini depositati a un metro dal cancello della scuola o sollevati dalla fatica di portare il trolley, e se si chiede a un adulto perché si comporta così, risponde serafico: «I libri pesano sempre di più e lo accompagno perché altrimenti chissà dove va a finire».

Si nasce e si cresce geolocalizzati, spiati in ogni momento della giornata, fra telecamere, chat e registri elettronici, strumenti che evidenziano la nostra mancanza di fiducia in loro.

Ma forse c'è un perché dietro a tutto questo. La fatica, il fastidio, l'assunzione di piccole e crescenti responsabilità portano, anche da piccoli, a pensare (anche a protestare, che è un modo per esprimere il pensiero). E questo per qualcuno non è auspicabile, anche perché sono gli adulti, per primi, ad aver spesso smesso di farlo.

Come potrebbero una madre e un padre che passano tutta la giornata su uno smartphone, quindi totalmente dipendenti da una tecnologia, pensare che il proprio figlio o figlia possa decidere da solo cosa fare, come agire? Non accade soltanto ai bambini, perché l'atteggiamento da badanti dei figli prosegue fino all'adolescenza e, a volte, perfino oltre quell'età. Il futuro sfaticato è il mantra per molti, a qualsiasi età.

Durante la pandemia sono dovuto tornare, per un'urgenza famigliare, nella città in cui ho trascorso l'infanzia e la giovinezza. Con mio fratello un pomeriggio, avendo il permesso per circolare, siamo arrivati passeggiando fin davanti al portone della scuola elementare che abbiamo entrambi frequentato, e poi da lì abbiamo deciso di andare fino alla nostra vecchia casa in Prato della Valle, la più grande piazza della città. Facendo quel tragitto ci siamo accorti che non era poi così breve, che si dovevano attraversare strade, slarghi, viali dove passavano oltre alle macchine e alle motociclette anche i filobus. Il percorso poteva durare almeno mezz'ora. Perché nostra madre ci lasciava andare a scuola da soli? Eppure, non era certo distratta, indifferente, tantomeno irresponsabile nei nostri confronti. No, nostra madre era semplicemente saggia. Sapeva di doversi fidare di noi, magari agevolava il nostro percorso cercando di accompagnarci ad altri bambini che avrebbero fatto più o meno la stessa strada.

L'idea che prevale attualmente è che i genitori debbano essere salvifici, onnipresenti a costo di essere assillanti. Un bambino di oggi, quando diventerà adulto, non ricorderà a memoria la strada che portava da casa a scuola perché qualcuno avrà fatto quello sforzo per lui o lei. Non parlo di sforzo mnemonico, ma piuttosto emotivo, perché in quel tragitto si passava davanti a un panificio che faceva dei krapfen con la marmellata di albicocca che ancor oggi mi ricordo e poi c'era la piazza con l'edicola dove comprare le figurine dei calciatori; insomma, oltre la porta di casa c'era un mondo per me tutto da scoprire.

Oggi abbiamo deciso che questo scenario debba essere

spazzato via. Niente krapfen e niente scambio di figurine, niente percorsi con gli amici, tutto avviene in una macchina guidata da un papà o da una mamma che hanno fretta di lasciare il bimbo/a davanti a un cancello. Ma così non si cresce, così non si avrà memoria dei luoghi, dei negozi e dei loro proprietari. Forse si fa solo prima, forse quegli adulti avranno minori sensi di colpa, a danno di chi hanno messo al mondo.

Un bambino ha bisogno di perdersi o di trovare, sbagliando, una strada più breve o con più vetrine da vedere. Se lo si priva di tutto questo, perderà la capacità di orientamento, ma anche le tante e diverse opportunità che il non conosciuto può offrire come sorpresa.

L'imprevisto è formativo, assai più del prevedibile: il primo costringe a formulare un pensiero anche trasgressivo, il secondo ne ammortizza la forza e la capacità di autonomia.

Dodicesima giornata

I lupi della steppa

Ci sono momenti della vita, e più si allunga più le probabilità crescono, in cui si odono lupi ululare. Qualcuno li ha chiamati «demoni», ma in ogni caso non si tratta di deliri, dell'esplosione dei segni di una follia. S'impazzisce senza essere pazzi. Si ha la sensazione di essere soli come in una steppa sferzata da un vento gelido. Soli, anche se si hanno vicino persone che potrebbero portare conforto, grazia, affetto profondo. Niente da fare: è il momento della fragilità, dell'incertezza. Provi a camminare come hai sempre fatto, ma barcolli, o temi di farlo, come un ubriaco, continui a trovare inciampi anche dove non ci sono.

Anche il pensiero si fa ripetitivo e gelido, lo temi soprattutto la notte perché sai che è quello il momento più precario. In un mio libro di qualche anno fa, *Coraggio*, ho indicato un orario preciso: le tre del mattino. Ovvero quando tutto si addensa, s'aggruma come sangue fuoriuscito da chissà quale ferita interna e quei latrati sembrano ancor più lancinanti.

Tutto diventa temibile e pauroso, le ombre aleggiano e ti seguono ovunque, anche dove vorresti vedere una luce, e in questo mesto vagabondaggio ti senti inerme. A volte ti sembra di abitare in un palazzo immenso e di correre da una stanza all'altra per trovare riparo dall'invisibile minaccia, sei improvvisamente tornato bambino quando cercavi il perché delle paure, dell'angoscia che t'aveva preso alla gola, stringendola fino a farti sentire solo il battito accelerato del cuore. Tutto il male s'ingigantisce, ci si sente sopraffatti e, come scrisse Giacomo Leopardi, «tra questa immensità s'annega il pensier mio», ovvero si perde il senso della propria personalità. Anzi, la si nasconde a se stessi come se fosse proprio il pensiero il nemico che ci perseguita.

Gli ululati che senti sono pensieri scomposti, irrazionali e temibili proprio per la loro tenacia, ostinazione, pervicacia. Vorresti cacciarli via come una mosca molesta, ma a nulla valgono i tuoi sforzi inconsulti, i gesti delle tue mani per allontanare l'insidia dalla fronte. Sono fantasmi mentali, e nessuno può sapere se siano buoni o perfidi, scosse benefiche o allerte dolorose.

Ogni bambino e ogni bambina hanno vissuto questa esperienza, anche se, da grandi, faranno fatica ad ammetterlo o anche semplicemente a ricordarlo. Ma è accaduto, e senza sapere davvero perché. La paura è ovunque anche se non sempre si materializza in qualche evento o prende forma.

C'è chi crede che il pensiero sia un intralcio, che bisognerebbe vivere con più leggerezza, c'è chi dice che fin che «la barca va» occorre lasciarla andare... sì, ma dove? È questo che ti chiedi alle tre della notte intravedendo il vortice insidioso. Qualche cuore tenero ti consiglia: «Lascia perdere, dai tempo al tempo, vedrai che passerà». È un imbroglio. Sono banalità che non sollevano l'anima.

Anche se, fra quelle trite parole, una cosa saggia ci sarebbe, quasi un paradosso. Il pensiero è l'unica cosa che può aiutare, sollevandoti. E il pensiero, effettivamente, ha bisogno di tempo, proprio quando vorresti che quella sensazione, che così breve non è davvero, scivolasse via come un incantesimo, sparisse in un attimo come in un lampo sono arrivati l'avvilimento, la paura, l'angoscia, il senso di precarietà. Tutto sembra entrare in gioco, e per compiersi tutto ha bisogno di un tempo, che non si può mai misurare, ma che occorre sapersi dare per far sì che l'incubo si trasformi in altro.

Il pensiero è cura, ma ha bisogno di un tempo coraggioso, a volte egoista. Non pensare non serve, non solleva, non alleggerisce il peso dell'esistenza, che è fatta di ostacoli tanto quanto di slanci.

Per questo bisognerebbe educare i più piccoli a pensare e a esternare il proprio pensiero anche quando, e soprattutto, è cupo.

Mi piacerebbe che in una scuola frequentata da adolescenti vi fosse la possibilità di poter parlare in pubblico, di fronte ai propri compagni e compagne, senza avere per forza qualcosa di impellente da dire, ma solo per il gusto di apprezzare il fluire dei propri pensieri, anche quelli scomposti, fratturati, incongrui, paurosi.

Allenarsi a non tenersi dentro ciò che si pensa e si teme non serve soltanto a comunicare con l'altro/a, ma soprattutto, e questo è il senso vero di tale metodologia, a parlare a se stessi, realizzando che è proprio nei momenti di solitudine, quando odi in lontananza i primi ululati dei lupi, quando stai attraversando qualche steppa della tua esistenza, è proprio allora che il pensiero è utile, costruendo un ponte capace di farti attraversare un mondo improvvisamente avvolto nelle nebbie.

È l'opposto di quello che spesso ci viene insegnato, che bisogna scrollare la testa per scacciare i cattivi pensieri, che piuttosto che guardarli in faccia è meglio ometterli. Per questa ragione, da che mondo è mondo, esistono l'alcol e droghe di ogni genere: ci si illude che l'anestesia possa fermare, bloccare, addirittura cancellare ciò che si teme di sé e attorno a sé, mentre succede l'esatto contrario.

Invece di continuare a consigliare all'amico che non ritrova se stesso di «non pensarci», bisognerebbe suggerirgli di pensarci di più e di non avere paura di farlo, qualsiasi sia la ragione che ha portato quelle nubi così dense di paura e dolore.

Ma per tutto questo occorre una sorta di formazione, di creazione del senso meno scontato del pensare; significa scovare il luogo della propria dignità.

Forse bisognerebbe capire, comprendere fino in fondo, che «non pensare» oppure «smettere di farlo» non è solo impossibile, ma soprattutto inutile e dannoso alla formazione di una personalità.

Voler pensare, anche quando i pensieri sono torvi o addirittura apocalittici, non è un atto di guerra contro se stessi, dunque non ci si può stancare di farlo. È un'attività dell'anima, non un interruttore che si abbassa o si alza a piacere. Essere veri, ed è anche l'augurio più fervido, è poter morire pensando.

I lupi esistono e vagano per la steppa gelida negli inverni della nostra vita, non ululano soltanto quando vedono che la «vittima» è ferita, sola e persa. A volte i loro gemiti giungono quando non ce li aspettiamo, quando ci sentiamo forti e ci sembra di vivere a favore di vento. Anzi, è proprio nel momento della forza che s'alligna la fragilità, depone le sue uova, rafforza le proprie radici, si prepara ad allungare l'ombra della nostra trepidazione.

I lupi latrano quando meno te l'aspetti, quando sei distratto da altro, forse anche quando vivi troppo incantato da te stesso. Sono proprio quei lupi che a volte mandano in mille pezzi lo specchio in cui ti ammiri compiaciuto.

In questo senso si potrebbe capire che i loro ululati non vengono solo per spaventare, ma potrebbero perfino offrire uno spiraglio anche quando la foschia sembra improvvisamente farsi fitta nella notte senza luna. Il lupo è un avvertimento, dunque un aiuto, anche se può sembrare l'inizio dell'inquietudine. A volte si tende a pensare che senza dolore e cadute la nostra vita sarebbe stata migliore, mentre ci si dimentica di quanto fruttifera può essere quella debolezza se ben compresa.

Le lingue, quindi il costrutto fonetico del pensiero, contengono scoperte prodigiose che condensano in un termine significati metaforici.

In turco la parola *yakamoz* indica il riflesso della luna sull'acqua. Un pensiero che porta a credere che ci sia, ben oltre la notte più scura, qualcosa che supera perfino la fantasia, un'immagine di grazia.

Anche se non riesci a crederci, anche se in quel momento è l'ultima cosa che riesci a sognare, la nebbia prima o poi finisce e appare l'immagine di una falce di luna riflessa su uno specchio d'acqua.

Ci si può abbeverare, il tormento può allentare le proprie spire asfissianti e lasciare spazio a qualcosa che non avevi previsto: che i pensieri cambiano proprio perché hai lasciato spazio al pensare, generatore e improvvisatore dell'inaspettato.

Tredicesima giornata

I luoghi del pensare

Come si può pensare se non ci sono i luoghi per poterlo fare? Il pensiero non è un'astrazione, ma una pratica, un esercizio spirituale, come insegnano i monaci buddisti; non può nascere senza che vi sia un luogo capace di accoglierlo.

I bar e le osterie sono spesso diventati posti dove la musica, meglio sarebbe dire il rumore, è così alta che è difficile perfino parlarsi, scambiarsi una parola, figuriamoci mettersi a riflettere su qualcosa.

Ma forse è proprio questo che si vuole: che la gente smetta di raccontarsi e di pensare. I luoghi pubblici devono essere – e per molti versi lo sono già – capaci di respingere qualsiasi forma di pensiero, fin dalla sua formazione, dalla sua fecondazione con l'altro da te. Un'idea, un proponimento contrario a ciò che l'umanità fin dalla notte dei tempi ha voluto, perseguito, progettato, realizzato.

La comunità degli umani, ovunque sul pianeta, è sempre stata costellata di luoghi concepiti per pensare e condividere pensieri. Dalle grotte ai musei, dai cinematografi ai cimiteri, dai circoli alle chiese.

Da laico non seguo i riti religiosi, non l'ho mai fatto, però adoro le chiese, non solo quelle antiche, ma anche quelle moderne. Ne ricordo una, progettata dal mio vecchio amico Mario Botta a Torino – la chiesa del Santo Volto –, in cui l'aspetto più emblematico ed esemplare è l'interno, ovvero l'interiorità di quella costruzione che aiuta l'introspezione. Un senso così alto dello spazio e della luce che filtra, un progetto di enorme sensibilità che induce a un'intimità che può essere saturata solo dal pensiero che nasce dalla sospensione del tempo. Molti grandi architetti si sono ispirati alla luce e a ciò che essa dona: da Le Corbusier a Louis Kahn, si sono cimentati sull'immateriale, non soltanto sulle strutture che compongono le loro opere. Il mausoleo Gandhi costruito sotto la supervisione di Le Corbusier a Chandigarh, in India, possiede qualcosa di prodigioso: riesce a far filtrare la luce dalla base dell'opera, che è circondata dall'acqua, donando silenziosamente quel senso di pace interiore che è il prodromo di qualsiasi concezione mentale.

Quando sono a Roma, vado frequentemente a far visita a una piccola chiesa romanica, San Benedetto in Piscinula. Minuta, semplice, pochi frammenti di affreschi tre o quattrocenteschi rimasti sulle pareti, accompagnati da un pavimento straordinario di marmi romani tagliati a formare un ricamo, un tessuto dai colori forti e tenui, forme grandiose e minime.

Ci sono stato di recente, verso sera. Fuori, la fine di una giornata uggiosa dove scrosci di pioggia si rincorrevano tra sprazzi di luce e nuvoloni minacciosi e tetri. Dentro, nessuno o quasi. Un presepio appena montato su una grande tavola un po' imbarcata, nulla di appariscente, in tono con il senso realizzato in quel luogo così essenziale. In altre occasioni avevo trovato musica e canti corali che un po' mi infastidivano, tagliavano, riempiendo le volte di mattoni, una presenza mistica che il posto conserva da secoli. Non era ciò che cercavo.

Questa volta, invece, con mia grande sorpresa, non era così e l'atmosfera rarefatta mi ha attratto, invitandomi a sostare più a lungo del solito. Mi sono accomodato su un banco sulla fila di destra. L'altare disadorno, le luci soffuse, il leggero ticchettio delle scarpe di uno dei custodi, che sembrava fuggire via per lasciarmi immerso in quello scampolo di intimità.

Ero tra me e me, ma non ero solo. Più avanti di qualche fila, sul lato opposto a quello dove ero seduto, una donna inginocchiata. Ne potevo vedere solo il profilo giovanile e antico, i capelli raccolti sulla nuca come in un cesto cesellato. Era pietrificata, sembrava non muovere nemmeno le ciglia, forse si era dimenticata di respirare e di far battere il cuore tanto era raccolta, aleggiava in un altro mondo. Non pregava, almeno non muoveva le labbra. Di certo lo faceva nella sua mente.

Un quadro di pietà senza alcuna commiserazione, priva di quell'ostentazione di dolore che sarebbe stata stridente con l'ambiente, forse uno strazio effuso e diretto al Cristo sopra l'altare.

Era ferma nei suoi pensieri. E io con lei, a cercare di carpirne uno per avvalermene, a studiare quel modo così intenso di stare con se stessa.

Pensava tanto intensamente che quello scorcio che potevo vedere, illuminato dalle luci dei candelabri a fianco dell'altare, donava l'idea della serenità. Ho immaginato che, così giovane, dovesse essere la sua fede ad averla condotta in una chiesina, lontano dai bagliori di una città che si preparava ai riti compulsivi delle feste che stavano avvicinandosi.

Pensava e mi stava inconsapevolmente insegnando a pensare, lei davanti, con coraggio e dignità, come avvolta nel suo dolore, io dietro, a seguire l'insperato esempio. Il volto giovane, antico e moderno, presente e assente, dolce e lontano era una luce che, senza saperlo, cercavo.

Il vestito di lana grigia, una borsa a tracolla appoggiata alla spalla sinistra, le mani giunte, lo sguardo inafferrabile e fisso verso ciò in cui credeva. Il pensiero e il riflesso, un dare e ricevere pregno di fiducia.

Non era il significato fideistico che mi affascinava, ma la forza incredibile che dimostrava nel voler pensare, forse implorare, forse più sommessamente chiedere.

Mi sono sentito attratto da quella figura che sembrava costruita in una terracotta rinascimentale, sedotto da ciò che mi spingeva a riflettere. Quella giovane donna mi stava facendo capire, nel modo più rassicurante, quanto sia grande il vuoto che la capacità di pensare, credere, volere riesce a colmare. E quanto si perde quando siamo sopraffatti dalla sfiducia: pensiero, reliquia curante.

Lei poteva, senza saperlo, accompagnare nel suo dolore composto anche me, visitatore effimero, inizialmente distratto, in un luogo così lontano dalla mia vita corrente.

Poi, come fossi stato all'improvviso svegliato da qualcosa, mi sono alzato lentamente, uscendo dalla chiesa senza voltare le spalle, camminando all'indietro, e lasciando quella figura immobile esattamente come l'avevo trovata.

Tutto era accaduto senza motivo, senza strappi, con dolcezza. E grazie a un luogo senza il quale non sarebbe stato possibile ritagliarsi il tempo per lasciare spazio ai propri pensieri, dubbi, speranze, infinite paure, immancabili tribolazioni, uscendo perfino rafforzato da quella visione immacolata.

Già, perché anche l'illusione è un diritto che non deve cedere mai al realismo, che spesso appare angusto.

E il luogo che, come un'ampolla, contiene apparenze o fede o ripensamenti o perfino conversioni è sacro per definizione, come la terra dei nostri padri. Nessuno ha il diritto di invadere il sogno con richiami materiali, dobbiamo ricercare il commovente, il pensiero che ci trascina alla speranza, senza dubitare del giudizio altrui.

Quella chiesetta a qualche decina di metri dalle sponde del Tevere ha il potere di far ripensare ai privilegi che altrove, magari proprio lì accanto, si celebrano come vittorie sulla nostra coscienza più segreta e fragile. Mentre là attorno si festeggia il declino, c'è sempre qualcuno che, pur essendosi a volte vergognato di aver ceduto all'effimero compiacimento del materiale, riesce a trovare la prova che ciò che pensa può essere sommessamente accettabile, lontano dal consenso vile e passivo che il mondo materiale mostra aggredendo il suo convincimento, dilaniando la sua meraviglia di essere riuscito a rovesciare le albe tragiche che lo hanno accompagnato.

Quattordicesima giornata

I regimi amano le droghe

Quando, dopo una sola settimana di combattimenti, è caduta la dittatura della famiglia Assad e la Siria è stata liberata – anche se nessuno può ancora affermare con ragionevole certezza che i nuovi governanti saranno in grado di garantire pace, diritti civili e libertà per tutti i cittadini di quel millenario paese –, la stampa internazionale ha svelato ciò che, in realtà, molti sapevano e temevano: che quel regime poggiava economicamente (per circa due terzi del Pil) sulla produzione clandestina di droghe, in particolare del famigerato Captagon, detto anche la droga dei kamikaze. Si tratta di un derivato dell'anfetamina che ha effetti potenti: senso di onnipotenza, mancanza di dolore o rimorso per ciò che si fa, senso di indifferenza nei confronti del prossimo, resistenza alla fatica fisica. Come tutte le anfetamine ha pesanti effetti collaterali sul sistema cardiaco (sono noti gli infarti causati dall'uso di questa categoria di farmaci) e anche sul comportamento psichico, portando i consumatori a soffrire di allucinazioni e visioni.

La «scoperta» degli enormi quantitativi prodotti in Siria – che realizzava incredibili guadagni attraverso la vendita di questa droga in Medio Oriente e in Russia (molto meno in Europa e Stati Uniti d'America) – è in realtà una faccenda nota, come è risaputo che di quelle sostanze si sia fatto largo impiego già in passato. Certamente la usarono i giapponesi durante il secondo conflitto mondiale (da qui il nome di «droga dei kamikaze»), i nazisti l'hanno sperimentata soprattutto con i carristi e, per venire ai nostri giorni, è diffusa tra molti terroristi responsabili di gran parte degli attacchi sanguinari che hanno colpito l'Europa, l'Africa e alcuni paesi del Vicino Oriente in questi ultimi lustri.

Quindi niente di nuovo, si potrebbe concludere. Invece questa «scoperta» siriana (recentemente l'esercito che ha conquistato il potere spodestando gli Assad ha bruciato in pubblico più di un milione di queste pastiglie, che sembra fossero prodotte in laboratori situati non distante dalla dimora del fratello del rais) offre lo spunto per una riflessione non ovvia né scontata.

Per compiere atti violenti e disumani occorre assumere qualcosa di chimico, il che significa che la bestialità, la brutalità, la ferocia non nascono spontaneamente nella persona, non fanno parte della fisiologia comportamentale, ma è necessario che questa sia «deformata» in modo artificiale da qualche sostanza. L'uomo è di certo capace di crimini orrendi, come la cronaca anche recente ci ha dimostrato, ma per giungere a fare stragi, per uccidere bambini, per sgozzare innocenti serve un qualcosa di più, che la nostra natura biologica non è capace di produrre da sé.

L'obiettivo di chi vuole fare una guerra o un atto terroristico è poter contare sull'incoscienza di chi è chiamato a compiere quei gesti, a portare quelle morti. Il dittatore, il despota, hanno bisogno di uomini (e in qualche caso anche donne) ridotti alla totale insensibilità. La condizione essenziale per armare il fanatismo fino a indurlo allo sterminio è che esistano persone dotate di un pensiero talmente «scucito» da poter essere trasformate in automi.

In altre parole, si potrebbe affermare che per fare una guerra o condurre un massacro è indispensabile non pensare, ridurre l'atto ad automatismo, non averne coscienza. Il terrorista è un invasato non solo perché segue alla lettera anche i comandi più aberranti, ma perché è persona che non possiede più un minimo di sensibilità.

Tanti anni fa furono condotte ricerche per trovare un prodotto farmaceutico capace di togliere selettivamente dalla mente il rimorso, il senso di colpa per l'orrore compiuto che porta molti soldati e veterani al suicidio.

Per quel che se ne può sapere, questo tentativo non andò in porto, ma non fu fatto nulla contro la produzione di droghe sintetiche che il narcotraffico ha continuato a implementare e a diffondere anche in Occidente.

Anfetamine e oppioidi (derivati dalla morfina, in particolar modo) sono al centro, finalmente anche se con toni da propaganda, del dibattito politico delle grandi potenze come Cina e Stati Uniti.

Le centinaia di migliaia di morti in America del Nord hanno scosso, almeno in parte, l'opinione pubblica. Qualcosa si potrebbe fare, se solo lo si volesse davvero. Eppure, il dubbio che ne esista la volontà resta, in quanto già dagli anni Sessanta una parte della classe dirigente vedeva di malocchio il grido per la libertà e per i diritti universali lanciato da migliaia di ragazzi e ragazze in Europa e in tante città americane.

Nei nostri paesi non dobbiamo fare guerre, non dobbiamo mandare migliaia di soldati al fronte, però ci può essere un obiettivo «interno» che non necessita di ricorrere alle armi.

Combattere il pensiero disintegrandolo con le droghe e con l'alcol può, anche se nessuno vorrà mai ammetterlo pubblicamente, «fare gioco». Un tempo le streghe, i visionari e soprattutto gli eretici venivano mandati al rogo, dopo immani torture: ciò che si temeva era il loro libero pensiero, la possibilità che, come Cristo, potessero fare proseliti, sedurre parte del popolo portandolo all'insurrezione contro il potere costituito.

Il bersaglio da colpire, non solo per i guerrafondai, ma anche per buona parte del potere, è sempre stato il pensiero indipendente, quello non allineato, quello critico. Se una generazione cresce con un'idea diversa che la conduce a sindacare, a disobbedire, a non rispettare regole e dogmi, per molti che governano ciò rappresenta un affronto da punire tacitando quelle opinioni fin dal loro primo insorgere.

La droga, il suo mercato, la sua diffusione hanno sempre avuto come obiettivo non tanto la prostrazione o l'eccitamento fisico dell'individuo, quanto il silenziamento del suo pensiero più intimo, fino ad arrivare all'inconscio.

Aveva ragione Baudelaire quando, a suo tempo, diceva: «La natura propria dell'hashish è quella di diminuire la volontà; e, così, esso concede con una mano ciò che toglie con l'altra, cioè l'immaginazione senza la facoltà di approfittarne». E questo è l'obiettivo, non dichiarato, di molte delle persone che non tollerano che vi sia qualcuno non allineato al loro pensiero.

Quindicesima giornata

Sorvegliare e punire il pensiero

Un obiettivo primario dei ribelli che hanno spodestato in pochi giorni il regime sanguinario di Bashar al-Assad, dittatore della Siria, non è stato solo la presa del palazzo presidenziale, delle televisioni, delle radio e dei laboratori clandestini per produrre droghe, ma anche, e forse soprattutto, l'apertura delle prigioni. Da Aleppo a Damasco quel territorio martoriato era punteggiato da penitenziari, luoghi che il popolo non poteva nominare, nemmeno indicare passando nei pressi, tanto spaventoso era il terrore che inducevano in milioni di donne e di uomini di qualsiasi età.

Un nome su tutti: Sednaya. Una fortezza costruita all'inizio degli anni Ottanta in parte in superficie, ma perlopiù scavata per piani nel terreno sottostante. Lì c'era l'inferno dei vivi e delle loro ultime ore, custodiva torture, urla, fame e sete per centinaia di migliaia di cittadini e cittadine inermi, a volte persino ragazzini. Lì si sfogava il sadismo non solo di un rais e della sua larga corte di parenti e collaboratori, ma anche di una parte di conniventi, di responsabili di altri governi, amici e soci tanto per questioni strategiche e finanziarie, quanto per visioni ideologiche. Anche nel nostro democratico paese c'è stato chi, un tempo in maniera perfino plateale, ha annuito a quella politica repressiva, come se fosse il male minore rispetto all'aggressività di altri eserciti o di fazioni terroristiche. Una sorta di cinico «chiodo scaccia chiodo». È tipico delle «democrazie occidentali» mantenere rapporti diplomatici anche con chi ha le mani lorde di sangue innocente: come è avvenuto recentemente con l'*affaire* Almasri, che, per quello che sappiamo dalla stampa, ha a che fare con la ragion di Stato. L'importante è che il popolo non ne sappia abbastanza, alzare un polverone di interpretazioni contraddittorie o affermare che si tratta di accuse inventate, le cosiddette *fake news*. Anche in questo caso aver tolto fiducia nell'informazione è oggi aspetto integrante di buona parte del potere politico.

Franco Basaglia sosteneva che la tortura aveva il compito di terrorizzare non solo il detenuto, ma soprattutto il popolo che vive fuori da quella cella: si uccide un uomo per silenziarne milioni di altri apparentemente liberi.

Il vero bersaglio di un sistema coercitivo è indurre al silenzio chi non è allineato al verbo governativo, silenziarne il pensiero critico. Quello che ha voluto e ottenuto Bashar al-Assad per decenni.

Si potrebbe pensare che ciò accada soltanto nelle dittature più feroci e sanguinarie, ma questo principio è evidentemente condiviso anche da chi quei sistemi repressivi non solo li tollera, ma, direttamente o indirettamente, li appoggia, se non addirittura li incoraggia. Quindi anche noi occidentali, democratici che teoricamente dovremmo essere attenti ai diritti dell'uomo, abbracciamo l'idea che si possa inibire il pensiero, la libertà, purché ciò accada nel giardino del vicino: «*Not in my back yard*» dicono gli inglesi.

Lo abbiamo fatto per secoli, come ci ricorda un famoso saggio di Michel Foucault, *Sorvegliare e punire*, che illustra la storia delle prigioni e delle cosiddette «istituzioni totali», come i manicomi. L'aggiunta basagliana è che l'orrore di silenziare la mente serve di più nei confronti di chi vive fuori da quei luoghi di costrizione, è utile in quanto monito, ricatto morale. Come se il progresso dovesse essere attuabile solo attraverso l'ordine costituito, anche con leggi liberticide.

A questo proposito ricordo una mostra che organizzai tanti anni fa ad Arezzo e che s'intitolava «Il casco del silenzio». Era stata allestita in collaborazione con il centro studi dell'ospedale psichiatrico di Reggio Emilia, che aveva una sezione storica vasta e interessantissima.

Tra il materiale fotografico, iconografico (in quel luogo dimorò un genio della cosiddetta «arte povera», Antonio Ligabue, il pittore che ha più e meglio di altri illustrato le visioni oniriche e folli del mondo contadino) e mobiliare, c'era anche uno spazio dedicato ai mezzi di costrizione utilizzati per molti decenni fino alle soglie degli anni Settanta. Vasche da bagno dove i malcapitati erano obbligati a rimanere immersi in acque gelide costretti da teli cerati legati ai bordi dei contenitori di ferro smaltato, varie tipologie di strumenti di contenzione, camicie di forza e lenzuola che tenevano i pazienti bloccati nel loro letto.

Ma l'oggetto che più mi aveva impressionato e che offrì l'idea del titolo e dell'immagine del manifesto della mostra era una sorta di elmetto di cuoio dotato di cinghie laterali che venivano serrate sotto la mascella dell'internato in modo da impedirgli totalmente di parlare, consentendogli al massimo di gridare a bocca chiusa. Non era uno strumento usato nell'Ottocento, ma utilizzato fino a non molti decenni fa.

Che cosa faceva paura della follia? Perché doveva (e poteva) essere silenziata in modo così brutale? Erano le parole dei matti a provocare così tanto accanimento? Davvero qualche psichiatra pensava che, mettendo il casco del silenzio, quell'anima avrebbe ritrovato quiete e lucidità? O forse c'era dell'altro che spaventava nella follia?

Non erano le parole dei folli e nemmeno le loro grida o i loro gesti a rendere necessario quel meccanismo di tortura terrificante. Era il pensiero a far paura ai cosiddetti normali, soprattutto quelli vestiti con un camice bianco, quelli che avevano isolato chi parlava alla luna, chi non era d'accordo con la propria famiglia, chi non trovava requie in questo mondo, chi pronunciava parole blasfeme; ma anche poeti e poetesse liberi pensatori erano finiti nelle maglie di quella repressione. Il mondo della psichiatria ha accettato per più di un secolo la delega all'accanimento, consentendo una ferocia incredibile proprio contro di loro, quelli che non si erano adeguati, che vedevano e parlavano con strane presenze.

Il casco del silenzio, simbolo dell'arroganza della normalità che teme soprattutto il pensiero dei dissonanti, dei visionari, degli inquieti, dei dissenzienti. Non c'entrava la patologia e tantomeno la supposta cura, perché altro non era che efferata violenza e cecità.

Silenziare il pensiero anomalo, inibirlo fin nelle radici perché non possa attecchire e riprodursi: questa è stata per secoli l'ossessione non solo di chi esercitava il potere politico delegandolo a quello medico, ma anche della gente contro se stessa, una guerra di chi riusciva a adattarsi meglio contro chi pretendeva di poter protestare e svincolarsi secondo una propria, autonoma visione delle cose. E chi perdeva, ovvero gli esclusi, avrebbe conosciuto le maglie strette di una camicia di forza, che non doveva immobilizzare un corpo, ma soprattutto una mente.

Oggi l'opera di sorveglianza non è più delegata a luoghi del terrore, nelle nostre città si passeggia fra una telecamera e l'altra, siamo tutti sorvegliati. Si dice che sia l'unico modo per garantire ordine e tranquillità, e probabilmente è così e lo sarà sempre di più. Noi stessi controlliamo le nostre case con uno smartphone per vedere se qualcuno tenta di entrarci, ma anche il pupo per verificare se dorme tranquillo nel suo lettino, e il cane o il gatto perché non combinino guai in nostra assenza. Abbiamo in parte dismesso le istituzioni totali (ma, a pensarci bene, nemmeno quelle), eppure l'idea di sorvegliare è oggi più forte e perfezionata che mai, tanto da non poterne fare più a meno.

Viviamo osservati da satelliti, gli aeroporti e le frontiere sono dotati di strumenti che in un batter d'occhio inquadrano, codificano, classificano, scannerizzano ogni volto e ogni persona inviando quei dati, in tempo reale, a enormi database custoditi in cervelloni artificiali le cui chiavi d'accesso sono nelle mani di pochi. Dati che poi vengono utilizzati e rivenduti non solo agli apparati di sicurezza degli Stati, ma anche ad aziende perché possano perfezionare le loro proposte commerciali «customizzate» (neologismo che significa «fatte su misura per il cliente») o possano ricattare il mondo che senza l'occhio tecnologico si sentirebbe nudo e indifeso.

Un mondo orwelliano cui non facciamo più caso, che accettiamo per quello che è senza protestare. Chi rinuncerebbe a un viaggio pur sapendo che arrivati in quell'aeroporto si viene esaminati come con una Tac in un ospedale? È il prezzo da pagare nel mondo ipertecnologico dove tutto deve essere sotto controllo, in particolare ciò che non rientra nei crismi della «normalità», concetto declinato in maniera diversa a seconda delle culture, delle leggi e delle politiche vigenti. Lo facciamo decine di volte ogni giorno quando clicchiamo «accetta» sullo schermo del nostro telefonino per accedere a notizie o acquistare qualcosa, è diventato un automatismo che genera miliardi di dati sulla nostra vita privata ma non suscita alcuna ribellione, se non quella di qualche sparuto individuo, nei confronti dell'oligarchia digitale.

Nei manicomi la scienza psichiatrica si è rivolta per secoli alla miseria dell'accanimento fisico per tacitare l'intelletto anomalo di un uomo o di una donna. Oggi non abbiamo più bisogno di un rudimentale ed efferato casco del silenzio per negare il pensiero altrui, basta una manciata di algoritmi... si dà meno nell'occhio e nessuno si scandalizza neppure.

L'Intelligenza Artificiale è un alleato fedelissimo e molto efficace per il controllo, perché moltiplicherà per miliardi di volte la capacità che l'uomo ha di sorvegliare l'altro, trasformandolo in un suddito consenziente. Tutto dipenderà da chi avrà in mano le chiavi di quella tecnologia. Mi si potrebbe rispondere che tutti ne possono possedere una, che il futuro tecnologico è e sarà sempre più democratico, ma non ne sarei così sicuro, visto che ormai anche la politica ha assunto un atteggiamento succube nei confronti dei proprietari delle aziende digitali e dei loro consigli d'amministrazione. Tre o quattro di loro hanno più potere dell'Assemblea dell'Onu. Non a caso erano presenti, come mai era avvenuto, alla cerimonia di giuramento del nuovo presidente degli Stati Uniti Donald Trump.

La paranoia è stata una patologia contemplata da qualsiasi manuale di psicopatologia, fin dagli inizi dell'Ottocento. Significa – tra le tante accezioni che può avere – nutrire insane e fuorvianti paure ingiustificate nei confronti di altri, pensare di essere bersaglio di possibili aggressioni o che la propria mente sia preda di qualche immaginario malintenzionato.

Se adattassimo questi criteri al dibattito che si svolge sui canali social più noti, si dovrebbe concludere che la maggioranza dei cittadini che navigano in rete è gravata da questi disturbi, anzi che sono le stesse tecnologie a fomentare e diffondere sintomi psicopatologici che possono diventare pericolosi, come avviene, per esempio, per il fenomeno degli stalker, che affligge soprattutto le giovani donne.

Sedicesima giornata

La cultura che cancella uccide il pensiero

La *cancel culture* (letteralmente, cultura che cancella) è l'espressione contemporanea più evidente di questa forma di paranoia. Vive cibandosi di parole, che reputa ideologicamente sbagliate e inidonee, ma in realtà è ghiotta di pensieri: non vuole «correggere» un termine – da che mondo è mondo circolano vocaboli inadatti o perfino scorretti, e gran parte della satira nasce da questa «scorrettezza» –, bensì inibire un pensiero vissuto come ostile o, meglio, minaccioso e diffamante. Tipico dell'atteggiamento paranoide, che è per definizione l'indiscriminato timore del prossimo. La *cancel culture* è nata dall'istanza di proteggere fasce che si ritengono deboli e fragili, ma poi ha scelto forme aggressive e nient'affatto inclusive come pretenderebbe di fare. Ma il limite, secondo me, più evidente è nell'incapacità di contestualizzazione temporale della critica o della censura che si propone: come è accaduto nei confronti di certe fiabe o romanzi che sono entrati da secoli nella nostra cultura pedagogica.

Capita spesso sentir parlare di *cancel culture* a proposito delle favole che si raccontano ai bambini, per esempio *Cappuccetto Rosso* o *Biancaneve e i sette nani*, o di film, soprattutto del passato, che vengono accusati di sessismo e razzismo. Un regista, uno scrittore, un artista, un politico e tanti altri dovrebbero «autoinibirsi» per non incorrere nei nuovi Torquemada contemporanei. Eppure, è evidente che, soprattutto nel caso delle favole, lo scopo per cui sono nate è quello di emozionare i più giovani ascoltatori, proprio con l'intento di insegnare loro il senso della paura o della meraviglia, della vita e della morte.

Tuttavia, la *cancel culture* non ha colpito solo il mondo dell'infanzia, pretendendo di trasformare le fiabe in opere senza alcun significato emotivo, ma anche la pubblicità e il cinema; basterebbe pensare all'iconica foto di un paio di pantaloncini cortissimi indossati dalla modella Donna Jordan e fotografati da Oliviero Toscani per un noto marchio italiano di jeans: sarebbe possibile pensare di replicare un messaggio pubblicitario del genere? La prima versione aveva uno slogan ancor più provocatorio, «Non avrai altro jeans all'infuori di me», inventato dalla celebre coppia di pubblicitari Pirella & Göttsche e ovviamente messo subito all'indice dal Vaticano e da molte forze politiche che trovavano quella pubblicità oscena. Insomma, la prima forma di *cancel culture* è antica quanto la storia delle religioni. Ora la palla è passata dalla Santa Inquisizione a insospettabili gruppi radical occidentali; eppure, nessuno sembra essere imbarazzato da questo accostamento.

Forse è stato l'eccesso di liberalismo a produrre questi strani eserciti inquisitori che si fanno forza, ovviamente, dei social, dove è facile accusare chiunque di qualsiasi cosa, salvo poi ammettere di aver sbagliato bersaglio, soprattutto oggi che i proprietari di quelle aziende hanno pubblicamente rinunciato a qualsiasi forma di verifica di veridicità.

La cultura che ha amato e costruito le fortezze, i manicomi, le galere oggi sembra volersi travasare nell'odio *tout court* nei confronti di ciò che non è compatibile con una visione rigida, che sostiene che la provocazione non debba far parte in alcun modo del pensiero contemporaneo, e ha trovato un insperato e brillantissimo alleato: il web.

L'aspetto più paradossale è che la *cancel culture* nasce proprio nei luoghi in cui solo qualche decennio fa era esplosa la protesta a sostegno dei diritti dell'umanità ritenuta fragile, delle donne e dei bambini, dei matti e di chi ha la pelle di colore diverso dal bianco.

Chissà che effetto farebbe proiettare in un campus universitario della California *Qualcuno volò sul nido del cuculo*, leggendario film di Miloš Forman, vincitore di cinque premi Oscar, compreso quello assegnato a Jack Nicholson come miglior attore protagonista. Di sicuro qualcuno o qualcuna si alzerebbe in piedi per protestare contro una scena del film o perché il ruolo della spietata capoinfermiera è interpretato da una donna. Eppure, ricordo bene il dibattito che suscitarono l'uscita e il successo di quel meraviglioso film e del romanzo da cui era stato tratto: tra i più accaniti detrattori c'era proprio quella retroguardia del mondo della psichiatria tradizionale, tutt'altro che minoritaria, che nelle nostre esperienze di apertura dei manicomi indicava il «nemico da battere».

A forza di cancellare, la nostra cultura si ritroverà senza pensiero e sarà ridotta a copiare solo quello ufficialmente promosso dal tribunale dell'inquisizione della *cancel culture*.

Saremo contenti di essere un po' meno intelligenti, ma tutti più omologati? Saremo felici che non vi siano più scrittori o sceneggiatori che osano sfidare le rigide regole del regime digitale in quanto ricattati dal nuovo moralismo imperante? Forse sono politicamente scorretto, ma io vorrei tenermi tra i migliori ricordi quel capolavoro di Miloš Forman, e Jack Nicholson con il berrettino di lana ben calcato sulla testa e i suoi occhi stralunati.

Quello che invece non vorrei sarebbe vedere oggi dei giovani battersi contro un altro scandaloso film – *Ultimo tango a Parigi* di Bernardo Bertolucci – che scosse le coscienze intorpidite della borghesia occidentale: non vi sembra che vi sia qualcosa di contraddittorio nella lapalissiana similitudine tra ciò che ordinò un tribunale della Repubblica italiana, bruciare tutte le bobine di quel film (per fortuna se ne salvò almeno una e quel capolavoro poté tornare nelle sale a far discutere la gente), e quello che è avvenuto in occasione dell'ultimo festival di Cannes, con una nuova contestazione per il ruolo misogino di Marlon Brando?

Come può esserci arte e creatività se non c'è scandalo? Chi pensa di potersi erigere oggi a pubblico censore, come facevano certi preti degli anni Cinquanta e Sessanta quando affiggevano sul portone della loro chiesa l'elenco dei film che si potevano vedere e di quelli che assolutamente dovevano essere proibiti?

Come può non essere evidente che parte della *cancel culture* ripropone oggi la stessa prosopopea, la stessa sicumera che fu propria dei paladini del moralismo politicamente corretto della generazione dei nostri padri e nonni? Come non capire quanto sia imbarazzante voler cancellare la provocazione, ovvero la radice più necessaria della creatività umana? O davvero c'è qualcuno che pensa che tutto debba essere «normato» da un algoritmo? La critica da sempre si nutre di persone che cantano fuori dal coro, sarà ancora possibile farlo tra qualche anno?

Oggi più che mai, ai tempi dell'Intelligenza Artificiale, occorre essere controcorrente, forse anche scandalizzando pur di dire qualcosa di nuovo. L'espressione dell'intelligenza umana deve essere libera già nel momento in cui nasce, senza temere la scure della censura, che eliminerebbe ogni traccia di genio e di inventiva, caratteristiche che non possono essere delegate alla tecnologia, che al più avrà il compito di attuarle, forse anche migliorarle.

Diciassettesima giornata

Anche i muri a volte pensano

Non sempre i graffiti mi affascinano, soprattutto quando deturpano un'opera d'arte. Però ci sono scritte sui muri delle nostre città, ma anche su quelli di una cascina isolata nella campagna, che parlano a chiunque vi passi davanti. Su un muro gonfio di umidità e in parte scrostato in una calle stretta e buia di Venezia c'è scritto: «La vita è troppo breve per essere negativi». Proprio lì, in quel luogo angusto, qualcuno ci indica la luce, ovvero ciò che non dobbiamo fare, che non dovremmo permetterci di fare: gettare un'esistenza trascorrendola in maniera scorbutica, tipo quelli che incontri in un bar al mattino presto, gli chiedi come va e ti rispondono: «Come vuoi che vada?». Gente che ha sempre la luna di traverso, perennemente malmostosa.

I graffiti sono spesso grida disperate, non a caso sono comparsi sin dai tempi in cui l'umanità viveva nelle grotte, unico alfabeto per dire delle paure di chi le abitava, esattamente come ogni galera, per secoli e secoli, è stata «firmata» da chi vi era imprigionato, a volte anche solo per ricordarsi quanto tempo vi si era trascorso.

Sulla calce dei muri esterni del manicomio di Volterra è ancora custodita – ma in realtà non si fa nulla per preservarla come monito per le future generazioni – un'enorme tessitura le cui trame sono scrittura, parole e segni incisi con il ferro della fibbia di una cintura che doveva stringere pantaloni laceri di una divisa. Quei geroglifici contengono l'autobiografia, i sogni, le imprecazioni di un uomo portato in quel luogo per aver urlato e sbraitato in una pubblica via di Roma, e lì lasciato per il resto della sua dannata vita. Una scrittura non sempre comprensibile, ma che era stata incisa più per rabbia che per i suoi contenuti.

L'ho visto fare altre volte da persone anch'esse rinchiuse: non avendo né carta né penna per scrivere, hanno trasformato la calce di un muro della propria gabbia in un taccuino dove appuntare il proprio dolore, il proprio pensiero, per altri, deviante.

Pensare è un paradosso: meno puoi farlo, meno sei libero di farlo, più cerchi qualsiasi possibilità per esercitare questo diritto universale, e viceversa. Basterebbe guardare all'eroismo delle donne iraniane che sfidano il regime, rischiano di essere imprigionate, torturate, violentate, trucidate pur di urlare al popolo il proprio pensiero, pur di cantare la loro musica, pur di recitare i propri versi.

Quando si vive in una realtà che non comporta un rischio così alto, invece, è come se il pensiero evaporasse, si dissolvesse, perdesse centralità e importanza, fino a diventare materia di uno scambio in cui si preferisce il silenzio: segno a volte di un privilegio piuttosto che di una risposta a una violenza subita. Fino a riuscire a rinunciarvi pur di non dover sopportare il peso di meditare su qualcosa.

Il vero paradosso è, come scriveva Karl Kraus, che quando si raggiunge – o ci si illude di aver raggiunto – la libertà di pensiero, poi ci vorrebbe un pensiero.

Se in molti sono costretti a scrivere su un muro per risvegliare le coscienze, significa esattamente questo: la libertà, ovvero il metodo, c'è (in questo limitato pezzo di pianeta), non il soggetto, vale a dire il merito.

Se dovessi chiedere a uno di voi che mi state leggendo di scrivermi una lettera a mano, chi lo farebbe? Chi riuscirebbe a sopportarne la fatica? Avevo due amici – uno è il compianto e magistrale Eugenio Borgna – che, ogni volta che usciva un mio nuovo libro, mi scrivevano una lettera di proprio pugno: leggerla era emozionante di per sé, perché anche con quella scrittura avevano qualcosa da dirmi che andava oltre la grafia ed entrava dritta nel cuore.

Oggi, ammettiamolo, abbiamo meno argomenti e soprattutto siamo meno abituati a vedere il nostro pensiero che si materializza diventando scrittura. L'esercizio odierno è ristretto a poche parole digitate, spesso in modo sgrammaticato, su uno schermo, computer o smartphone che sia.

Forse stiamo costringendo le nuove generazioni a comunicare con noi attraverso un geroglifico disegnato sui muri umidi di una stazione ferroviaria, che è uno dei tanti modi che utilizziamo per decretare la loro emarginazione. Ma a volte anche tra quei colori spruzzati con le bombolette spray può nascere della genialità, basterebbe pensare a Banksy o a Jean-Michel Basquiat.

Quando la scrittura si fa breve, sintetica, intervallata da stupide emoticon, anche il pensiero seguirà lo stesso percorso diventando sterile, semplificato, insensato.

Occorre tornare a dare al pensiero la gioia di averlo allevato dentro di noi, pur sapendo, come ha detto Jorge Luis Borges, che «non c'è piacere più complesso del pensiero». Inutile illudersi: o la nostra civiltà sarà in grado di tornare a scegliere la complessità della riflessione oppure la decadenza si ciberà delle nostre semplificazioni inaridendo le nostre menti, e anche quei graffiti diventeranno afoni.

Diciottesima giornata

Fa più paura la solitudine o il suo marketing?

Quando la solitudine era una condizione umana condivisa in quanto patita da molti, nessuno ne parlava, nessuno la indicava come il segno di una regressione individuale o sociale; anche i barboni non erano poi così malvisti rispetto a oggi, quando spesso sono presi di mira da bande di ragazzini in cerca di orrendi divertimenti.

Ora che la solitudine è diventata, consapevolmente o inconsapevolmente, una scelta, molti la indicano come fonte di sofferenze psicologiche.

I contadini che potavano la vigna non si lamentavano di farlo da soli, anzi, era parte del loro orgoglio. Da qualche decennio, invece, abbiamo diffuso strumenti tecnologici che isolano le persone per arrivare poi a capire che, soprattutto fra i più giovani, questi mezzi non potevano portare se non a un isolamento psico-sensoriale, prodromo di tante forme di malessere.

Il presepe della nostra comunità è sempre più affollato di persone che si aggirano come disorientate, in realtà sono presenti a se stesse ma vacue, anche se nessuno lo ritiene un problema da risolvere, bensì una condizione in cui convivere. Nessuno prenderebbe per pazzo un signore che cammina per la città rivolgendosi ad alta voce a uno smartphone tenuto davanti alla bocca, anzi tutti penserebbero che è un tipo molto integrato nel mondo di oggi, che vede questa forma di alienazione come la cosa più logica che si possa fare.

L'errore che più spesso si fa quando si parla di solitudine è ritenerla una condizione umana univoca (in lingua inglese si usano parole diverse per indicare sfumature differenti: *loneliness*, per esprimere il senso negativo di una condizione subita, e *solitude*, frutto della scelta di godersi qualche momento con se stessi). Credo che sia importante, vista la carenza di questa parola nella nostra lingua, sottolineare una linea di demarcazione che ne caratterizza oggi almeno due diversi significati.

Da una parte c'è una solitudine che permette e induce la capacità di pensare: chi crea (non parlo soltanto degli artisti, ovviamente) ha bisogno di solitudine e di silenzio. Dall'altra c'è quella che inibisce tale capacità proprio distraendo costantemente e distogliendo il pensiero, ma anche impedendone la formazione attraverso il rumore. Com'è possibile pensare in un luogo dove si viene sovrastati dal chiasso? Se si vuole impedire a qualcuno di pensare, basta farlo vivere in un luogo rumoroso.

Non capita solo ai giovani che si circondano costantemente di musica al massimo volume, ma anche a un operaio addetto a una pressa.

Infatti, un tempo questa seconda declinazione della solitudine faceva parte della cosiddetta «alienazione». Per esempio, gli operai in un impianto siderurgico dovevano eseguire e non pensare. In una sala chirurgica, invece, a nessuno verrebbe in mente di fare rumore, sarebbe potenzialmente letale: come dire che è bene che un chirurgo pensi a ciò sta facendo, mentre un operaio può anche perdere il senno; anche se continuare a lavorare come nella famosa sequenza di *Tempi moderni* di Charlie Chaplin rappresenta oggi una condizione che solo chi non può permettersi di scegliere vorrebbe vivere.

La solitudine di oggi non è vissuta come una pena o come un elemento di diseguaglianza, ma piuttosto come uno stato fisiologico dell'esistenza e questo proprio perché la mancanza del pensiero sembra non preoccupare più l'opinione pubblica, così come non interessava cent'anni fa al padrone della fabbrica.

Uno strano stravolgimento di paradigmi: dall'essere cercata da artisti, artigiani e in mille altri lavori per stimolare un'originale creatività, oggi la solitudine tende a diventare un filo rosso comune a tanti, perfino segnale del raggiungimento di un privilegio non solo economico ma sociale. Stiamo vivendo l'epoca dell'«autoisolamento» come realtà cercata e non più avversata, perché si ritiene che il mondo virtuale sia preferibile a quello fatto di relazioni reali.

Anche il tempo che più dovrebbe essere inviolabile sta per essere pervaso dalla tecnologia: si stanno infatti sperimentando sistemi di Intelligenza Artificiale in grado di svelare i nostri sogni. Non abbiamo più segreti, la notte diventa un luogo di smascheramento pubblico attraverso un social che mette in piazza anche il prodotto del nostro inconscio.

Stiamo davvero rasentando l'orrore.

Diciannovesima giornata

Educare alla bellezza

Ricevo una lettera dalla signora Gemma. Mi scrive per ringraziarmi quando sottolineo nei miei scritti e nelle mie conferenze la necessità di educare i bambini al bello, però si dice anche preoccupata per suo figlio, che non parla molto ma l'altro giorno le ha detto: «Sai, oggi abbiamo addobbato un po' la classe per Natale, poi la maestra è entrata e le abbiamo chiesto se fosse bella... e lei ha risposto che non era quella la cosa più rilevante da fare...».

Se questo accade in una classe di scuola elementare, non è possibile non essere preoccupati.

Sarebbe interessante chiedere alla maestra che cosa pensa che sia rilevante per i bambini. Non forse un'emozione? E non è forse appassionante dipingere e addobbare il luogo che si frequenta tutte le mattine?

Mi rendo conto che non per tutti la bellezza è un principio fondamentale. Basta entrare nelle case per accorgersene, e non è una questione di censo, perché ho potuto vedere appartamenti di milionari assolutamente anonimi, creati da un interior designer cui è stata pagata una parcella per arredare come vogliono e credono, ovvero ripetendo sempre lo stesso stile.

Mi chiedo come si faccia a vivere quotidianamente in un

luogo che non ha nulla di nostro: la bellezza è trasformare ciò che si ha in qualcosa di speciale per se stessi. Per poterlo fare, però, occorre avere una visione dello spazio casalingo, che generalmente chiamiamo «gusto».

Una visione che non nasce spontanea, ma va fatta crescere, ecco perché chiedere ai bambini di una scuola materna o elementare di addobbare la propria classe, non solo per Natale, è un modo per far emergere la personalità di ognuno e farli sentire ciò che in realtà sono: diversi, unici, come unico e diverso è il colore che ciascuno sceglie per il proprio banco o le pareti della propria classe.

La scelta dei colori non è mai scontata, ma riflette un processo del pensiero che si articola attraverso associazioni libere. Sarebbe bellissimo che in una scuola elementare si facesse il gioco di associare il proprio umore a un colore; i bambini comprenderebbero così che l'allegria e la tristezza hanno una «forma» che può variare molte volte in un giorno insieme alla nostra anima, e che non bisogna mai avere paura delle proprie espressioni interne, che sono importanti quanto quelle esteriori, e forse pure di più.

La bellezza non è questione estetica, ma il risultato di un lavoro interiore lungo e difficile che spesso trova la propria configurazione in scelte diverse.

Educare alla bellezza significa quindi educare a pensare «dentro», a coltivare le idee che ognuno di noi ha il diritto di esprimere liberamente. Se si nega questa possibilità, ogni bambino e bambina crescerà senza la necessaria autonomia, in quanto la libertà è funzione del pensiero e non viceversa.

Badate, non penso sia una questione legata al censo. Ho avuto occasione di visitare case di persone molto semplici, eppure avevano scelto sia per le stanze sia per i muri esterni colori molto accesi: basta fare quattro passi sull'isola di Burano per accorgersene.

Al contrario, invece, è sufficiente guardare certe ville di

miliardari a New York o in California: sono fredde, non emanano nulla, possono anche esibire un Picasso appena acquisito a un'asta, ma sarebbe quel genio stesso, se tornasse in vita, a non volere mai che una sua opera campeggiasse nel salone di chi a malapena conosce il suo nome e ricorda solo quanto ha pagato quel quadro.

Rimango sempre sorpreso da chi, entrando in una casa dove magari non è mai stato, non si accorge di nulla, né degli ambienti, né della luce, né dei particolari. A volte mi è capitato, in giro per il mondo, di entrare in case molto modeste che emanavano un fascino irresistibile proprio perché ogni oggetto aveva un proprio senso, spesso stratificato nella storia di quella famiglia. Un ritratto di un figlio morto in guerra, un piatto appeso sbilenco, una cassettiera lisa dal tempo: tutto rimandava a una vita vissuta, triste o gioiosa ma reale, e che, soprattutto, emanava un gusto unico, irripetibile in qualsiasi altro contesto.

Se si vuole conoscere una persona bisogna entrare in casa sua, c'è poco da fare. Se c'è carattere lo noti, se manca te ne accorgi subito.

Una volta collaborai con un giovane e promettente fotografo al quale diedi il compito di fotografare le camere da letto dei giovani con cui stavo lavorando a Città di Castello, in Umbria.

Il risultato fu sorprendente. La personalità di quel ragazzo o di quella ragazza si riusciva a capire più guardando dove passava i pomeriggi e le notti che dai tanti discorsi che avevo fatto con loro. Il poster del cantante preferito, il pallone da basket accanto al comodino, il letto ordinato o caotico, il colore scelto per le pareti. Tutto parlava di loro, esprimeva qualcosa di più interessante delle parole dette o dei loro silenzi.

La maggioranza di quei ragazzi e di quelle ragazze non erano stati gelosi delle loro stanze declinando l'invito del fotografo, anzi, erano contenti che qualcuno le guardasse (avevamo fatto anche un catalogo di quella mostra), forse proprio perché il loro mondo è lì dentro e non fuori, soprattutto oggi.

Il motivo è che una casa contiene un pensiero in sé, anche quelle prese in affitto per poco tempo, perché magari subito cerchi di fartele assomigliare con una candela colorata, con due tazzine da caffè trovate in un mercatino, un adesivo appiccicato sul frigorifero: non costano nulla, ma rivelano molto di chi vi abita.

Ovviamente, possiedono un pensiero anche le case disadorne, perché dicono che chi le abita è, almeno in quel momento, disadorno mentalmente.

Ricordo la casa di Alda Merini che affacciava sul Naviglio a Milano. Quelle piccole stanze erano lei, assolutamente lei, il suo autoritratto. Cataste di giornali ovunque, secchiaio della cucina traboccante di piatti o pentole da lavare, uno scrittoio affollato da fogli appuntati, ma soprattutto un odore di gatti – i suoi grandi amici – che ti chiudeva lo stomaco. Quell'appartamento era la sua vita, la sua poesia, la sua rabbia, il disordine di un'esistenza arroccata nel dolore depositata in versi indimenticabili. In quella casa aleggiava un pensiero migrante, irrefrenabile e lo sentivi appena varcato l'uscio: vi era rimasta intrappolata anche l'idea di quel luogo chiuso in cui aveva «dimorato» per molti anni in un ospedale psichiatrico di Milano.

Ci sono case di chi non vuole una casa. Anche queste le distingui subito. Capisci che sono tane per anime selvagge, che vorrebbero scappare in ogni momento e che non definirebbero mai quel luogo se non come una breve sosta del loro infinito peregrinare. Una sorta di pensiero joyciano, in perenne trasloco da un porto al prossimo, costantemente interrotto e riacciuffato altrove. Le abitano persone che preferiscono accatastare libri sul pavimento piuttosto che ordinarli sugli scaffali di una libreria: danno l'idea di essere inseguite da qualche altra anima e che debbano poter raccattare all'improvviso il necessario per trasferirlo chissà dove, per chissà quale tempo.

Il pensiero prende forma in un'abitazione, che contiene ed esprime l'identità di chi vi abita; basterebbe guardare a Gabriele d'Annunzio, alle sue innumerevoli case e alcove che alla fine si assomigliavano, tanto straripante era il potere della sua identità e della sua creatività.

Oggi questa corrispondenza identità/abitazione assume una pregnanza ancora più forte in quanto il tempo che si trascorre nel proprio domicilio è cresciuto con la possibilità dello smart working.

La casa è, per molti, il luogo dei sentimenti, della crescita, della nascita e della morte. Quindi riassume l'identità stessa della nostra esistenza. Una volta l'architetto Mario Botta, con il quale scrissi un libro, *Dove abitano le emozioni*, mi disse che i suoi giovani collaboratori, quando ricevono la commissione di progettare una casa, devono soddisfare la richiesta che la stanza più curata sia il bagno, forse perché, ormai, in genere vi trascorriamo il doppio del tempo rispetto ai nostri nonni. Chissà che cosa chiederebbe un committente oggi, probabilmente un soggiorno con un divano enorme e un televisore che riempie quasi del tutto una parete di quella stanza.

Le case sono la storia dei nostri pensieri. Una bravissima disegnatrice inglese aveva dipinto su una grande carta geografica i luoghi dove fin da bambina aveva abitato, ma non si era fermata lì: vi aveva aggiunto per ciascuna abitazione l'oggetto o il mobile che più le era rimasto in mente dopo tanti anni. Una sorta di visione cosmopolita delle proprie emozioni e dei propri ricordi.

Lo stesso accadrebbe anche a noi se partecipassimo a

questo gioco: tutti, compreso chi è nato in una catapecchia, riusciremmo a descrivere alla perfezione un dettaglio, un particolare, magari all'apparenza insignificante. Pensare alle case dove si è vissuti compone una collana di immagini indelebili dell'esistenza, la stalattite della nostra identità più segreta e intima. Noi siamo i luoghi da cui siamo entrati e usciti mille volte, dove abbiamo dormito, lavorato, e questo plasma un pensiero su di noi che cresce con la nostra esperienza di vita come un album di famiglia in perenne divenire.

L'essenziale della vita è una carovana di memorie e di pensieri che segue strade a volte sbagliate, altre miracolosamente e inconsapevolmente prodigiose. Assomigliamo tutti alle chiocciole, che stancamente traslocano ogni giorno il loro luogo di vita lasciando dietro di sé una scia che nelle notti di luna diventa opalescente e indica da dove veniamo ma non dove potremo andare.

Ventesima giornata

Salgari si è seduto in un bar a Trastevere

Ogni volta che mi capita di essere a Roma da solo, frequento un bar in una piazzetta di Trastevere. Mi conoscono, sono ragazzi e ragazze sempre sorridenti e gentili, e poi non devo ripetere cosa voglio, mi appoggio al bancone e loro dopo un po' mi portano un cornetto appena sfornato (hanno una pasticceria pazzesca), una spremuta d'arancia e un caffè doppio. Questo luogo così accogliente è anche occasione di incontro con persone diverse e interessanti.

Ci sono andato qualche mattina fa, nonostante fosse una brutta giornata, anzi forse proprio per quello, visto che così mi sono obbligato a uscire, a fare due passi per rinfrescarmi le idee. A volte non mi va di parlare e rispondo con un sorriso a chi mi saluta.

A quell'ora c'è quasi sempre una signora di Buenos Aires, ex ballerina di tango, ex attrice, ex coreografa, insomma, volendo, un'opportunità per farsi raccontare pezzi della sua vita meravigliosa, come se un bar si potesse trasformare in un teatro di personaggi da lei incontrati che sembrano, descritti con quella dolce cantilena tipica degli argentini italianizzati, usciti dalle pagine di Jorge Luis Borges o di Victoria Ocampo.

Quella mattina, avvolto nei miei pensieri, mi siedo su uno sgabello al bancone di legno e marmo, poi con la coda dell'occhio noto, dietro di me, una mia vecchia conoscenza, un signore che ha lavorato a lungo in televisione e che porta sempre, anche d'estate, un cappelletto alla Mao che gli conferisce un'aria d'altri tempi, simpatica e burlona. Mi sento chiamare per nome, mi giro e lo saluto, questa volta non soltanto con un sorriso frettoloso.

Anche lui sorseggia un caffè e sta mangiando una fetta di torta di mele. Di fianco alla tazza, un computer portatile aperto gli illumina il volto. Mi avvicino per salutarlo meglio, gli chiedo che cosa stia facendo e lui, in perfetto romanesco, mi dice: «Sto a vede' er deserto...».

Non capisco, ovviamente, e mi avvicino sedendomi su una sedia libera di fianco a lui, che gira un po' lo schermo verso di me per farmi guardare meglio. In effetti, c'è l'immagine di un deserto. «Siamo in diretta, 'o sai? Siamo in Namibia, lì fa solo un'ora in più rispetto a noi... So' le dieci lì...»

È contento come un bambino che guarda il suo gioco ed è felice di farlo vedere a chi gli sta accanto.

L'inquadratura è fissa e mostra una grandissima distesa di sabbia del colore dell'oro e una pozza, forse artificiale, per abbeverare gli animali che popolano quell'area.

«Vedrai che mo' arivano...»

«Ma chi?» faccio io. «Non c'è niente, sembra una fotografia...»

«Ma quale fotografia, questa è una webcam pazzesca, guarda che nitidezza...»

«Sì, ma non c'è niente, è tutto fermo...»

«Vedrai che mo' arivano...»

«Chi?»

«Gli orici, oppure gli sciacalli, oppure gli struzzi... vedrai, aspetta un attimo, mica vengono quando vuoi tu.»

Infatti, nemmeno qualcuno avesse chiamato una di quelle bestie selvatiche, ecco apparire una coppia di orici che prima si guardano attorno, poi si avvicinano allo stagno e, uno alla volta, chinano il capo per bere. Poi arriva uno sciacallo stranamente timido e guardingo, che si mantiene a debita distanza dalle corna lunghe e affilate dei primi avventori.

L'amico mi dice con orgoglio che con il suo computer si collega spesso a quelle webcam da casa, ma anche quando viene a prendere il caffè al bar della piazzetta (deve abitare da queste parti perché l'ho incontrato spesso, sempre con il suo berretto da rivoluzionario in testa) si siede, accende lo schermo e si mette a osservare i suoi luoghi preferiti della terra, dalle isole Canarie all'Africa australe, dal Sud America a qualche scorcio di paese italiano.

Il mio amico non è più giovane, quindi immagino che queste webcam gli restituiscano parte di quella vita d'avventuriero che deve aver vissuto negli anni passati.

Un po' come Salgari, che da un museo di storia naturale s'immaginava, partendo da qualche fiera imbalsamata, l'idea per un racconto. Salgari non s'era quasi mai mosso da quel tragitto casa-museo compiuto per tanti anni, eppure la sua fantasia era potente e gli bastava lo scorcio di qualche pezzo di foresta tropicale riprodotta per dare fuoco alle polveri del suo pensiero strabordante.

Si può girare il mondo rimanendo davanti a una bacheca di un museo o sulla sedia di un bar, l'importante è avere un pensiero sottotraccia, che potrebbe esplodere da un momento all'altro e illuminare qualcuno che, senza saperlo, aspettava soltanto che il suo stesso pensiero cominciasse ad ardere.

Molte persone, dotate di talento fantasioso, scappano dai luoghi dove sono nate e cresciute, altre non si muovono fisicamente ma la loro mente si spinge in ogni angolo della terra, soprattutto quelli che sanno che non raggiungeranno mai. I viaggiatori a volte cercano bellezza per distaccarsi dalla propria terra che bella non è: sono i cacciatori di orizzonti. Ve ne sono altri, però, che devono viaggiare per la ragione opposta. Hugo Pratt diceva che la sua Venezia era troppo bella per viverci ed era per questo pericolosa: se hai tutto, non cerchi nulla, ti adatti al bello che hai e che diventa scontato. Per questo salpò per l'Argentina in cerca di luoghi e persone con cui riempire le sue storie fantastiche.

Per alcuni la bellezza è un limite ai propri pensieri miracolosi, per altri è un pensiero all'inizio sconosciuto, che poi, viaggio dopo viaggio, si riempie di colori ed emozioni.

Per tutti il pensiero dovrebbe essere una macchina meravigliante che promette di non saziare mai ma che nutre.

Ventunesima giornata

Prima di parlare pensa, prima di pensare leggi

È questo un motto che ripete spesso nelle sue interviste Fran Lebowitz, intellettuale raffinata, già collaboratrice di Andy Warhol nella mitica rivista «Interview». Temo che per molti tali parole siano diventate quasi una provocazione, visto che è difficile trovare qualcuno o qualcuna che legge su un treno, seduto su una panchina di un parco o al tavolino di un bistrot. Forse lo faranno nel segreto delle loro stanze, ma qualcosa mi fa credere che non sia così.

Magari c'è chi crede che parlando si rischi molto di più che tacendo; quindi, anche il pensiero potrebbe diventare un azzardo, così come la lettura. L'abate Joseph Antoine Dinouart, nel suo celebre saggio *L'arte di tacere*, ammoniva: «C'è un tempo per scrivere, come c'è un tempo per trattenere la penna».

Forse il gesuita non avrebbe mai ipotizzato che l'umanità sarebbe potuta cadere nel silenzio non per saggezza o per rispetto dell'altrui pensiero, ma per ignavia, anzi, per una forma, inedita per la storia della civiltà, d'incapacità di formulare un pensiero compiuto che non sia un'invettiva da social, una battuta sentita e ripetuta fuori contesto, un'abitudine alla banalità dell'espressione verbale fatta di slogan e non di ragionamenti non semplificati.

Avevo incontrato su un treno – cosa che mi capita non di rado, visto che sono sempre in viaggio – un vecchio amico e ci stavamo intrattenendo con racconti del nostro comune passato, aneddoti divertenti, rievocando personaggi ridicoli o saggi. Inevitabilmente la conversazione era scivolata poi sul quotidiano e sulle stranezze dell'epoca che stiamo vivendo. Mentre parlavo con lui, avevo scorto, seduto in una fila di sedili poco lontana, un ragazzo che sembrava leggere una dispensa e avevo immaginato subito che si trattasse di uno studente universitario, data la sua età apparente.

Poiché, come di solito capita alle persone anziane, il mio amico e io eravamo arrivati a deprecare certi aspetti della vita contemporanea, mi sono affrettato a indicargli quel giovane che, in qualche modo, stava contraddicendo le nostre facili e scontate considerazioni e generalizzazioni sull'impossibilità di incontrare persone che si abbeverano alle pagine di un romanzo o di una poesia o di un saggio.

«Quel ragazzo legge» ho detto con sollievo, facendogli segno di dove era seduto. Ma non avevo finito di indicare la scoperta inusitata, che il giovane ha ricevuto una telefonata, breve, eppure sufficiente a distrarlo. E poi, dopo poco, probabilmente ha visto comparire un messaggio o una foto o altro ancora. E lui, poveraccio, doveva fare una grande fatica a riprendere le fila del senso di ciò che stava leggendo, forse costretto ogni volta a ritornare indietro di qualche riga e ripartire. Insomma, una continua *interruptio*, che duplicava o triplicava il tempo e la fatica di apprendere.

Con l'amico, che conosco dai tempi della facoltà di medicina che frequentavamo insieme, abbiamo ricordato il temibilissimo esame di clinica medica: 6400 pagine, da studiare senza sconti, senza la possibilità di suddividere la materia in due o tre interrogazioni.

«E questi come potrebbero fare per superare quell'esame?» gli ho chiesto. «Ci metteranno anni, oppure la facoltà avrà previsto di fare uno "spezzatino" della clinica per aiutare chi non è abituato – non oso pensare che non voglia farlo – a leggere duecento pagine al giorno come facevamo noi, che non eravamo certo né dei geni né dei secchioni.»

La conclusione è che la formazione della classe dirigente, in qualsiasi campo professionale, rischia oggigiorno di basarsi sul nulla, su un sapere mnemonico continuamente frammentato e ricomposto; quindi, del tutto insufficiente per padroneggiare le materie in cui si dovrebbe essere competenti e che costituiranno le basi di una buona professione.

I consigli dell'abate Dinouart sarebbero senz'altro utili se, nel frattempo, non fosse cambiato il mondo. Tacere è un'arte che non appartiene certamente agli influencer, che dalla superficialità ricavano rilevanti guadagni (non tutti, per la verità) e popolarità basata sul vuoto.

Infatti, chi è molto ascoltato nella rete dei social network spesso, anche se non sempre, non possiede alcuna formazione (forse domani inventeranno un corso di laurea per diventare influencer o blogger e sarà certamente affollatissimo), parla senza sapere ciò che dice (anche perché nessuno dei suoi seguaci gli richiede le fonti da cui trae quelle pillole di «saggezza»), diffonde messaggi che non nascono da un pensiero, da una riflessione o da un approfondimento e tantomeno da un'opinione, ma da un «sentito dire» e da una spasmodica ricerca di approvazione.

Se si conosce l'arte del tacere, non si crea consenso, e in una cultura fondata principalmente sul marketing è improbabile emergere, far notare le proprie competenze.

Forse basta un aspetto piacente, parole forti e volgari, un istinto predatorio nei confronti di chi non ha la capacità di difendersi o semplicemente risponde perché il susseguirsi di improperi o di analisi pronte all'uso fa crescere il numero dei follower, quando invece dovrebbe farlo crollare. Oggi chi odia, senza pensiero, fa carriera.

Ventiduesima giornata

Dolore e fatica

Il signor Davide mi scrive: «Io voglio il dolore. Bisogna volerlo il dolore piuttosto che evitarlo come ci insegnano genitori, medici, religiosi e molti filosofi di oggi... è la vita ed evitarlo significa evitare di vivere...».

Cerco di capire il senso di ciò che Davide mi vuole trasmettere, ma credo che faccia confusione tra due termini come se fossero concetti esattamente sovrapponibili: dolore, da una parte, e pena, fatica, sforzo, dall'altra.

Essendo laico, sono portato a pensare che il dolore non debba essere un connotato dell'esistenza, qualcosa che necessariamente ci redime. Da medico, poi, sono pronto a combatterlo, in ogni forma.

Anni fa mi chiamarono a far parte di una commissione che aveva il compito di illustrare, soprattutto ai medici di base e ai parenti di persone affette da malattie terminali, una legge molto avanzata, approvata dal nostro Parlamento, che permette una più facile e meno burocratica prescrizione di antidolorifici, anche potenti se necessario, come quelli derivati dalla morfina.

Per espletare quel compito, la commissione organizzò in diverse località una serie di incontri cui parteciparono medici, operatori sanitari, amministratori locali, ma anche molte persone comuni. Ciò mi permise di ascoltare tante storie, alcune delle quali atroci, come quelle che venivano dai reparti di oncologia pediatrica dove molti bambini erano costretti a subire le pene dell'inferno per il rifiuto di una parte dei sanitari o perfino dei genitori stessi di somministrare morfina o farmaci simili (ovvero cure palliative) a quelle creature così sofferenti, affette da patologie per le quali era difficile intravedere una terapia adeguata o pronosticare un, almeno momentaneo, sollievo.

Una madre mi raccontò di suo figlio, che aveva i denti anteriori limati dal continuo e disperato serrare la bocca nel tentativo di lenire il dolore.

Il dolore no, non lo posso accettare, ne ho paura io stesso. Il che non significa pensare che l'anestesia possa diventare una filosofia di vita. Non credo che il dolore redima, invece penso che la fatica sia il connotato essenziale, direi strategico, per condurre una buona esistenza.

La pena è parte della vita così come l'inciampo è inevitabile se si vuole camminare. Si parla di «pene d'amore», il che significa che nel sentimento più bello che l'uomo possa esplorare c'è una parte aspra, ma costruttiva. L'amore comporta paura, quella di perderlo, perché quel sentimento occorre meritarselo (e non mi si dica che è una visione calvinista), non è e non può essere garanzia. Altrimenti sarebbe facile, comodo, scontato.

Occorre sapersi conquistare le cose belle, altrimenti diventiamo collezionisti di mediocrità o, peggio, scartiamo le difficoltà per codardia. Ogni bellezza, senza eccezione alcuna, trasuda fatica.

Anche il pensare porta con sé una forma di dolore, perché è faticoso per antonomasia. Arrovellarsi per un'idea è l'unico modo per non essere ripetitivi, eppure, c'è chi ama la coazione a ripetere perché è meno rischiosa. Un mio vecchio editore, dopo avermi pubblicato un libro che aveva avuto una certa fortuna, mi propose di riscriverne uno simile. Io mi opposi, dissi che non ne sarei stato capace, ma mi fu risposto che bastava cambiare qualcosa, dettagli, e il successo sarebbe stato praticamente garantito. Io, però, rimasi della stessa opinione: preferisco sbagliare eccitandomi con la fantasia piuttosto che riuscire a vendere qualche copia in più annoiandomi nel ripetere la strada conosciuta.

Quando ho una serata in un teatro – e a volte mi capita di averne tre o quattro di seguito –, la mia ansia (che è una benedizione, perché altrimenti saremmo indifferenti, supponenti e ciò segnerebbe l'inizio della debolezza, non della forza) risiede proprio nello strenuo, e a volte vano, tentativo di non ripetermi e sono convinto che la gente lo percepisca subito, che sia capace di vedere la differenza tra un mestierante e chi prova, magari con un po' d'affanno, la via nuova.

Credo che continuare a ragionare sia uno sforzo positivo, così come continuare a scrivere basandosi su nuove domande, in altre parole sfidando se stessi, la propria capacità di allargare il punto di vista senza ricorrere a una più facile ripetitività. Non c'è nulla di questo sforzo che sia correlato all'età. Anni fa conobbi un anziano artista che aveva lo studio sui bastioni che circondano il centro storico di Lucca. Era stato un allievo di mio nonno paterno, disegnava e scolpiva. Quando passavo qualche ora da lui, allora più che novantenne, mi voleva assolutamente far vedere alcuni suoi recenti disegni e ogni volta che ne sbatteva uno sul tavolo, mi guardava e mi chiedeva: «Allora, mi dica lei, sono innovativo?». Che spettacolo pensare che un uomo che respirava a stento avesse ancora voglia di svegliarsi alla mattina chiedendosi e pretendendo da sé di fare qualcosa d'innovativo. La fatica era, secondo lui, un'ovvietà che porta a desiderare di suscitare interesse, movimento nuovo di pensiero e azione.

Non vale solo per me e per il mestiere che mi sono scelto, ma per chiunque voglia essere professionale.

Si potrebbe dire che si tratta di uno sforzo fisiologico alla creazione, perché richiede a noi stessi di seguire l'istinto che, a sua volta, è figlio delle nostre emozioni più intense, quelle che fanno penare, che è anche un po' amare.

Il dolore, inoltre, è anche comunicativo, mentre la sua assenza lo è più difficilmente. Nel linguaggio comune diciamo «mi ha fatto una gran pena» per segnalare che un incontro, la vista di una persona addolorata difficilmente non ci porta a intuire quel passaggio così dolente degli accadimenti imprevisti.

Ventitreesima giornata

La profezia di san Paolo

La Bibbia contiene ogni cosa si cerchi, risponde a tutte le domande che ci poniamo.

Anche ai tempi della sua composizione ci si poneva un interrogativo semplice e drammatico: perché la società di oggi è drasticamente cambiata in peggio rispetto a quelle precedenti? Sulle sacre pagine Paolo, scrivendo a Timoteo, rispondeva: «Sappi che negli ultimi tempi verranno momenti difficili. Gli uomini saranno egoisti, amanti del denaro, vanitosi, orgogliosi, bestemmiatori, ribelli ai genitori, ingrati, empi, senza amore, sleali, calunniatori, intemperanti, intrattabili, disumani, traditori, sfrontati, accecati dall'orgoglio, amanti del piacere più che di Dio, gente che ha una religiosità solo apparente, ma ne disprezza la forza interiore. Guardati bene da costoro!».

Quella domanda e molte delle parole con cui san Paolo si rivolge a Timoteo sembrano essere talmente attuali da far rimanere atterriti. Perché, se si legge il più antico testo sacro, vi troviamo lungimiranza, preveggenza e straordinaria saggezza, mentre oggi facciamo fatica a intravedere un briciolo di verità nelle parole di qualche saggio? Perché siamo così miopi da non volere leggere il futuro?

Forse perché l'esistenza è sempre stata connotata dalla mancanza di coraggio, potrebbe rispondermi qualcuno, ma non credo affatto che sia la risposta più corretta, almeno non completamente. Alla base di questa pur parziale spiegazione c'è una verità molto più sconvolgente, che rimanda a un problema che da sempre affligge e minaccia l'umanità: quanto più l'uomo crede di avere, possedere, tantomeno è portato a pensare, quindi a guardare criticamente ciò che accade e che, almeno in parte, ha contribuito a fare, e tantomeno sarà curioso del proprio futuro, incaponito com'è a guardare se stesso.

Tanto più forte soffia il vento della crisi (qui non intendo quella economica, ma quella morale, quella che affligge i valori normativi di una comunità), tanto meno si trova il coraggio di cercare la verità. Tocca ai profeti e agli eretici farlo, dirlo e scriverlo, anche se non sempre vengono ascoltati perché quelle parole provocano, mettono in crisi proprio chi le dovrebbe maggiormente ascoltare.

A volte si pensa che i predicatori e i profeti annuncino disgrazie, maledizioni, catastrofi. Non è così, basterebbe leggere i libri antichi per trovarvi l'allarme ma anche il rimedio, la paura accanto alla speranza: in questo trovo la loro grandezza. Sono due atteggiamenti che fanno parte del pensiero magistrale che ha guidato la storia dell'umanità. Nessuna innovazione potrà mai prescindere da questa necessità di verità scomode.

Il Salmo 37 della Bibbia recita: «Ancora un poco e il malvagio scompare: cerchi il suo posto, ma lui non c'è più. I poveri invece avranno in eredità la terra e godranno di una grande pace».

Come dire che non è il potere del denaro, quello materiale, che crea una prospettiva, ma è la semplicità di un pensiero che cambierà il mondo. So bene che molti mi diranno che la realtà in cui viviamo dimostra il contrario, ma non bisogna mai aver fretta di tirare le somme: l'innovazione sarà complessa e chi oggi si gonfia il petto con i miliardi delle proprie aziende non è detto che tra vent'anni sarà destinato a essere ricordato nei libri di storia (ammesso che esisteranno ancora i libri). Il futuro non è e non sarà mai dei guerrafondai e dei super-ricchi, ma di chi saprà incantare i giovani con il fascino dell'intelligenza e della bellezza di un pensiero fuori dagli schemi.

E lì si trova la luce. Qualcuno dice che solo chi ha fede è capace di captare la speranza, gli altri no. Io credo, da laico quale sono, che sia proprio il pensiero in sé a essere prodigioso, ovvero carico di aspettative, sorgente non evanescente di fiducia, proposizione senza eccessi egocentrici.

Leggere i sacri testi o i grandi romanzi porta sempre nello stesso luogo, quello più ricco e prosperoso. I veri scrittori, dopotutto, sono sempre profetici, in quanto le loro opere contengono una straordinaria metafora del vivere. Solo che occorre saperla trovare, ma soprattutto volerla cercare nei dettagli dell'esistenza.

Non si può guardare alle vicende del mondo, ai suoi dolori, alle sue speranze, senza aver fiducia, altrimenti è puro esercizio di nichilismo, ovvero amore per il dolore che infliggiamo al prossimo e a noi stessi.

Diceva Pier Paolo Pasolini: «La mia è una visione apocalittica. Ma se accanto ad essa e all'angoscia che la produce non vi fosse in me anche un elemento di ottimismo, il pensiero cioè che esiste la possibilità di lottare contro tutto questo, semplicemente non sarei qui, tra voi, a parlare».

Non si può rincorrere la fiducia e la speranza senza possedere un pensiero perfino dissonante, quello di Pier Paolo, quello che salva il mondo e non gioca a distruggerlo come nella strepitosa scena del film del 1940 di Charlie Chaplin, *Il grande dittatore*, in cui l'attore, nei panni di Hitler, prende a calci un mappamondo di plastica, ridendo e divertendosi come un bambino. L'ironia è essa stessa una forza costruttiva. Negli anni bui in cui il nazifascismo imperversava, un piccolo uomo si prendeva gioco di chi stava distruggendo con una nuova guerra l'umanità, godendone. Poteva sembrare una gag destinata a rimanere tale, ma non è stato così. Vogliamo dunque credere che, per quanto nuovi presagi di distruzione stiano spuntando come migliaia di bucaneve dalla glaciazione delle nostre sensibilità, nuovi anticorpi costruiranno vie inedite e sorprendenti.

Nella più straordinaria, coraggiosa parodia del potere, che diventa ridicolo proprio nel momento in cui pensa di aver soggiogato il pianeta alle proprie squallide regole, sta la forza di Charlie Chaplin: ci ha insegnato che con un sorriso si possono annichilire un despota, i suoi eserciti e il suo effimero consenso. Mi piacerebbe vedere qualcuno che imitasse quel geniale attore e regista attualizzando la sua satira: magari prendendo in giro un guru dell'intelligenza artificiale.

Charlie Chaplin come san Paolo e Pasolini, profeti di miserie e di rinascite per l'umanità. Tre uomini che attraverso il pensiero hanno dato speranza a chi era atterrito, che hanno teso la mano a chi non credeva più nell'umanità. Hanno vinto loro, come sempre vince l'intelligenza sulla superficialità nichilista che crede che il popolo sia e debba essere schiacciato e umiliato dal ricatto della forza.

Le nuove oligarchie sprezzanti sembrano oggi raccogliere inusitati successi ed enorme considerazione, ma non sarà il disprezzo a far ritrovare all'umanità originale linfa innovatrice. Sorgerà speranza proprio là dove l'arroganza aveva spianato la bellezza faticosa dell'unicità concedendo l'orrore dell'omologazione e della genuflessione planetaria a qualche miliardario saccente.

Ventiquattresima giornata

Per pensare occorre voler guardare

Immaginate una città bombardata, quasi del tutto rasa al suolo. Immaginate gente povera che disperatamente cerca di ritrovare una speranza fra case bruciate, chiese sventrate, tombe su cui piangere troppi corpi di innocenti. Lo scenario che lascia qualsiasi guerra anche anni dopo che le armi hanno taciuto. Immaginate un giovane uomo nato nell'ultimo anno dell'Ottocento. È di origine ebraica e sente che sta per avvicinarsi una nuova tempesta di odio e di intolleranza. Ha trent'anni e sta guardando dei bambini che, nonostante tutto, pur in quell'inferno, continuano a giocare con delle biglie su un terreno fangoso e pieno di pozzanghere. Sono tanti, ma lui è troppo grande per unirsi a loro, eppure è affascinato da quel gioco, lo osserva con attenzione, sente che c'è qualcosa di prodigioso anche se non sa che cosa sia ciò che lo attrae. Torna spesso a guardare quella scena e alla fine capisce: quelle biglie spinte dalle dita dei bambini entrano ed escono da qualche piccola pozzanghera e trascinano con sé una sottile scia di quell'acqua melmosa, che per un po' le accompagna.

Il giovane si chiama László Bíró e viene folgorato da un'idea. Se una di quelle biglie fosse una pallina d'acciaio e quell'acqua inchiostro, forse si potrebbe inventare un nuovo modo per scrivere, più facile, meno costoso di una penna col pennino, qualcosa che tutti potrebbero portare con sé. László sente di dover cercare qualcuno che creda in lui, ma non a Budapest, la sua città, da dove presto dovrà fuggire non solo perché non si trova lavoro, ma anche perché sta spirando il vento gelido del nazionalsocialismo. Qualcuno gli consiglia di andare a Parigi, la *Ville Lumière*, la culla della modernità, delle avanguardie artistiche. E lui parte, senza un indirizzo dove andare, ma con una precisa idea in testa.

Parigi è troppo grande per un giovane uomo che in tasca non ha soldi ma solo un progetto scarabocchiato su un foglio. Eppure, ci dovrà pur essere qualcuno capace di ascoltarlo anche per pochi minuti. Qualche suo connazionale gli dice che quella persona c'è, è un nobiluomo che abita in un bel palazzo, e con un po' di fortuna potrebbe pure riceverlo perché ha fama di essere curioso e aperto a tutte le novità.

E ora immaginatevi un salone enorme, un cameriere che fa sedere il giovanotto su una sedia in attesa del barone. Immaginateli finalmente uno di fronte all'altro, entrambi impazienti di scoprire qualcosa che ancora non conoscono. Il giovane ungherese tira fuori dalla tasca un pezzo di carta dove ha disegnato l'idea che cerca di descrivere al barone nel suo francese elementare. E il barone gira e rigira il disegno, ascolta il giovane uomo ma soprattutto comincia a figurarsi che cosa possa diventare quel progetto così strampalato.

Il barone si chiama Bich, è un uomo che sa come non farsi sfuggire le occasioni che la vita gli presenta, e quella mattina sente di essere di fronte a una di queste, anzi alla più grande: la penna a sfera. Certo, non sarà facile trasformare quel disegno in un progetto industriale, ma il barone ama le sfide, ne ha già vinte molte, anche con la sua leggendaria barca a vela con la quale ha partecipato all'America's Cup, la più prestigiosa competizione nautica al mondo.

Nasce così una delle invenzioni che hanno cambiato il mondo: nella sala di un grande palazzo parigino, sulle macerie di una guerra insensata, dall'incontro fra un giovane uomo geniale che amava il gioco delle biglie e un barone che amava i giovani ossessionati da un'idea, quelli cocciuti, quelli che non si arrendono di fronte a nulla e a nessuno. Tutto viene dalla voglia di guardare, osservare, pensare che un gesto possa farne nascere un altro, più potente, come se persino la banalità di un gioco potesse nascondere in sé una rivoluzione.

Molte idee che hanno cambiato il mondo e la quotidianità delle persone prendono vita non in chissà quale ateneo, ma dall'osservazione e dal pensiero che trasforma quello sguardo in un progetto grandioso.

C'è un'altra storia che vorrei raccontare dandole i contorni di una vera e propria leggenda che, in quanto tale, è sospesa tra realtà e invenzione.

Il protagonista, anche questa volta, è un giovane, che viene da una famiglia che fabbrica candele. Siamo agli inizi dell'Ottocento, lui è inglese, si chiama William Procter ed è da poco emigrato in America, precisamente in un sobborgo di New York.

Abita vicino al fiume Hudson, sulle cui rive, proprio vicino a casa sua, un gruppo di donne va a lavare i panni in estate ma anche in inverno, quando le mani bagnate si gelano. In un pomeriggio come tanti è spettatore di una scena drammatica: a una delle donne sfugge la saponetta, bene molto prezioso in quei tempi, che in un attimo si inabissa nelle acque gelide e scure dell'Hudson senza che si possa far nulla per recuperarla, nella disperazione della proprietaria e delle sue compagne di lavoro.

Una scena che si ripete qualche altra volta davanti agli occhi del giovane William, che, forse toccato dai pianti della donna o forse incuriosito dall'accaduto, comincia a riflettere. Esattamente come farà più di un secolo dopo László a Budapest guardando il gioco delle biglie.

William osserva e pensa, pensa e osserva. «Bisognerebbe che un sapone fosse meno pesante, che magari potesse rimanere un po' a galla di modo che potesse essere subito riagguantato dalla donna, che così non perderebbe per sempre l'oggetto prezioso» deve essersi detto il giovanotto inglese.

Non si sa come, ma accade che William incontri un altro emigrato, questa volta irlandese, la cui famiglia produce, nemmeno a farlo apposta, saponi. Si chiama James Gamble.

Mi piace immaginare che un giorno i due, seduti in un pub bevendo una birra, abbiano parlato di ciò che accadeva spesso sul fiume e che William si sia confrontato con James chiedendosi se ci potesse essere un rimedio a quella sventura, un modo per fabbricare un sapone che avesse la prerogativa di essere più leggero e facilmente utilizzabile.

«Magari ci si potrebbe aggiungere un po' d'olio, la renderebbe certamente più leggera e forse, almeno per qualche minuto, non affonderebbe nell'acqua» deve aver detto uno dei due.

William e James, due giovani immigrati, anche loro ai margini di un mondo che cerca di diventare moderno. L'olio potrebbe essere la soluzione, magari uno che viene da una pianta che si trova facilmente in America, così da costare poco.

«L'olio di palma!» deve aver esclamato uno dei due brindando all'idea con l'ennesima birra.

Non sappiamo quanto ci misero a creare la prima saponetta, né se questa effettivamente poteva galleggiare per qualche minuto in modo che le donne del fiume Hudson non dovessero inseguirla disperatamente affondando le braccia nelle acque gelide del grande fiume scuro. Di certo era nata una delle aziende più importanti e innovative del diciannovesimo secolo, che ancor oggi domina il mercato con decine di marchi dedicati alla pulizia personale e degli ambienti domestici.

William, James e László, ma anche il barone Bich. Quattro uomini e due idee che nascono dalla voglia di guardare, osservare i dettagli, per poi pensare una soluzione rivoluzionaria e farne un oggetto che migliora l'esistenza di tutti.

Guardare è necessario, ma pensare è strategico, se si vuole dare un contributo per cambiare questo mondo.

Venticinquesima giornata

La bussola interiore

In una conversazione con Renzo Piano, che oltre a essere uno degli architetti più famosi al mondo è anche un grande velista, il maestro mi fa cenno a una bussola che il marinaio non vede, ma che vive all'interno del suo corpo. Subito non gli ho chiesto spiegazioni di quest'idea così bizzarra, però mi sono annotato il concetto su un pezzo di carta per rimandare a un tempo più consono l'approfondimento.

Mi è capitato abbastanza spesso di cogliere, all'interno di una conversazione che magari ruotava attorno a tutt'altro argomento, una parola o una breve frase che ha l'effetto di un «detonatore» del pensiero, ovvero che fa emergere e si abbina a qualcosa che stavo cercando e che non riuscivo a esprimere con il termine o l'immagine giusti.

L'ipotesi che vi fosse una bussola «interiore», chiusa in noi, che non vede mai la luce, mi è sembrata subito una metafora sensazionale. L'idea che un qualsiasi marinaio riesca a orientarsi non soltanto con le stelle o con lo strumento che indica il nord, ma anche «sentendo» qualcosa che viene dalla sua intimità, una sorta di «indicatore mentale», mi ha collegato, in un'associazione immediata, ai mali dell'anima che spesso sentiamo e che ci fanno compiere delle scelte a volte scellerate, altre prodigiose.

Dunque, l'anima possiede una bussola, strumento stupefacente che non consola, ma dirige inconsciamente le nostre azioni, le decisioni che volontariamente o involontariamente compiamo. Come se il marinaio, nel mezzo del mare, non avesse solo gli occhi o l'esperienza per dirigere la prua della sua barca, ma anche un «sentimento nascosto», un angolo oscuro dentro di sé che lo guida. In questo caso il termine «oscuro» vuole indicare non qualcosa di tremendo o di «sinistro», ma di non facilmente svelabile e tuttavia persistente nel nostro inconscio.

Accade a ognuno di noi di attraversare, si dice proprio così, momenti difficili, come capita al navigante con le tempeste e le onde più potenti.

Accade di sentire, quasi fosse entrato nelle pieghe della nostra anima un vento sconosciuto e freddo e impertinente, qualcosa che fa inclinare pericolosamente la nostra «imbarcazione interna», la «scombussola» si potrebbe dire assecondando la metafora di Renzo Piano. Tutto sembra rovesciarsi, dirigersi verso un baratro che pare ineluttabile, ma non sempre il destino è inesorabile, soprattutto se si ascolta ciò che abbiamo dentro di noi.

Accade di avvertire sensazioni di irrealtà, rimuginii, pensieri parassitari e demoralizzazione. Ci possono essere, ovviamente, molte ragioni per giungere ad avere questi sentimenti: essi possono essere legati a un fatto scatenante, reale o perfino immaginario.

Accade che la mente diventi un meccanismo ossessivo che tende a ripetere, come un orologio rotto che segna sempre la stessa ora, il momento luttuoso. Tutto si rimpicciolisce, eppure si espande nella paura, nell'assoluta convinzione di non riuscire a farcela, a saltarne fuori in alcun modo.

Accade anche che la nostra mente si trasformi in una macchina che porta, invece che a vivere, a perdere il morale, la forza vitale, e ci permette di abbandonarci.

Albert Camus diceva che il problema che assilla l'uomo «non è legato al dolore di vivere, ma al dolore di non vivere». Ciò che fa la sua comparsa in quell'ora così scura della nostra esistenza è un sentimento sconosciuto, perciò potenzialmente terrificante, che abbatte le energie, rende passivi nel confronto con una forza innominabile che chiamo follia, o depressione, o perdita di senso della vita... se fosse un disegno, ritrarrebbe un pozzo profondo e scuro.

Accade, inutile far finta che non sia così. A tutte le persone che hanno raggiunto una certa età non può non essere successo. La bussola interiore sembra non funzionare più, ci si sente persi, naufraghi, senza un lido cui approdare.

Ogni dolore ha una propria sfumatura, un proprio sapore, e ogni tanto torna a galla esattamente come era successo in altri tempi, per altre motivazioni. Quella bocca che si fa secca, il vagare inutile degli occhi smarriti in una nebbia mentale, il maledetto ticchettio che ripropone l'idea ossessiva.

Eppure, l'esperienza della vita ci insegna che la bussola interiore serve proprio quando sembra non si possa salvare l'anima smarrita che siamo diventati. Serve perché, quando lo sguardo è perso e grigio, lei prende un brandello dell'anima come fosse un lembo della nostra stoffa vitale e lo guida verso qualcosa che noi non riconosciamo ancora come luce, ma che quando meno ce lo aspettiamo lo diventerà. Un salvagente che la provvidenza ci suggerisce di afferrare.

Accade, ma occorre tempo perché succeda per davvero. Nessuno può metterci fretta in quell'ora difficile che non ha scadenze né *know-how*, tantomeno formulette consolatrici. Certo, lo vorremmo trovare immediatamente, non speriamo che quello, ma il dolore viene proprio dall'incapacità di affrettarsi. C'è qualcosa di sublime nell'attesa che il sintomo si arresti, declini, ceda finalmente lo scettro della nostra esistenza alla luce.

Nonostante la nostra razionale disperazione, la bussola interiore fa il suo lento lavoro di ricucitura, il rammendo della nostra più intima lacerazione. Ma agisce solo se il suo ospite lo vuole, perché non c'è molta speranza per chi si crogiola nel dolore giustificando così i propri insuccessi, le proprie banalità, le ritualità noiose e senza senso. La speranza nasce dal coraggio che viene fuori proprio quando meno te lo aspetti.

Probabilmente Renzo Piano si riferiva ad altro quando ha pronunciato quelle parole, ma i grandi sono profeti di bellezza proprio perché dicono ciò che avresti voluto sentire in quel preciso istante, quando non sapevi che cercando in una grotta scura si sarebbe aperta una finestrella. I profeti parlano quando pochi vogliono ascoltarli.

La guida del nostro inconscio, la nostra bussola oscura, è maestra di luce, e serve proprio quando non ce n'è. La si cerca, si vorrebbe scovare almeno una piccola stella, ma non la si trova. Una parola, una parola sola può bastare se si è capaci di ascoltare il pensiero di altri stratificato dalle esperienze, il loro inconsapevole suggerimento, la loro canzone, che stonata non è mai perché è la melodia di cui le nostre orecchie fragili necessitano ma che spesso la nostra ragione si rifiuta di ascoltare.

Ho letto da qualche parte che le stelle sono luminose proprio per costringerci a guardare in alto e accorgerci di loro, per questo rappresentano la speranza per ognuno.

Ventiseiesima giornata

Anche non pensare può essere un pensiero

Come ha detto recentemente Vasco Rossi in un'intervista a «la Repubblica», il non pensare può essere, per certi versi, anche vantaggioso. Vasco, infatti, cita il monaco zen Thich Nhat Hanh, autore di un saggio sulla meditazione, *Il miracolo della presenza mentale*, e sottolinea quanto importante è stato per lui avvicinarsi a queste teorie, che sostengono che «se vuoi cambiare le cose, devi cambiare il modo di vedere le cose, per esempio provando ad arrivare a sentire una pace profonda cercando di non pensare». E poi aggiunge: «Troppi pensieri non servono, anzi fanno male, i pensieri bisogna usarli e non farsi usare dai pensieri».

Una rockstar ha una responsabilità, e con queste parole Vasco assolve perfettamente al suo ruolo di capopopolo, di guru, di punto di riferimento non soltanto per i milioni di suoi fan, ma anche per chi non lo segue nei concerti o non ascolta la sua musica. Se lui cerca la pace e lo fa attraverso il millenario esempio della meditazione, tutti ne trarranno ammaestramento.

La ricerca della pace oggi va ben oltre il verbo costituzionale di «ripudiare la guerra» (articolo 11), ma arriva a qualcosa di interiore che porta alla serenità. Chi la sta cercando? Attraverso i social si sono liberate troppo spesso le forze distruttive, insulti, calunnie, minacce, non parole di pace, di gentilezza, di serenità.

Forse non avevamo piena coscienza di quanto potessero essere invidiose e violente (parlo dal punto di vista psicologico) le persone finché non abbiamo inventato uno strumento facile e accessibile, presente in ogni momento delle nostre giornate, comprese ovviamente le notti. Qualcuno si è perfino meravigliato di constatare che il senso di pietà, di condivisione, di supporto reciproco avesse basi così fragili. Anni fa lessi su un giornale una frase: «Fare una guerra è importante perché lascia che la nostra disumanità possa liberarsi manifestandosi anche attraverso i modi più cruenti e vili ... per il nostro paese è troppo tempo che non abbiamo più un conflitto; quindi, è logico aspettarsi che le persone facciano "spurgare" il loro male in altro modo, anche quello più vigliacco...».

E non c'è dubbio che i social media rappresentino lo strumento perfetto per esternare i nostri istinti più distruttivi. Consentono un certo anonimato, permettono di affermare qualsiasi cosa di un'altra persona senza nemmeno conoscerla se non per sentito dire, sono gratuiti, si possono usare facilmente e poi, non troppo inconsapevolmente, hanno l'effetto di «nutrire» la propria e altrui malvagità.

Basta scorrere le pagine digitali di un qualsiasi quotidiano per accorgersi di quanta sete vi sia di accadimenti privati sui quali speculare alla ricerca di qualcosa di pruriginoso. Si vuole vedere il mondo attraverso il buco della serratura, si gode nel farlo. Per non parlare della televisione, che per rincorrere gli ascolti, inesorabilmente perduti, insegue i social costruendo programmi dove il cinismo si lega al gossip e la spregiudicatezza diventa un valore aggiunto soprattutto se si riesce a mettere in difficoltà l'ospite di turno, per vivisezionarlo, scarnificarlo. La comunicazione sembra essere diventata una macelleria delle debolezze altrui.

Non ci si rende conto di quanto i media siano diventati formatori di una cultura meschina, subdola, voyeuristica. Solo la nostra ingenuità ci fa essere sgomenti davanti al proliferare di sintomi dell'odio e dell'indifferenza. Anche tra i più giovani. Non c'è peggior cosa di chi si meraviglia della crudeltà senza rendersi conto di esserne inevitabilmente portatore.

«Pensare è molto difficile. Per questo la maggior parte della gente giudica. La riflessione richiede tempo, perciò chi riflette già per questo non ha modo di esprimere continuamente pregiudizi» diceva Carl Gustav Jung.

Il mondo cambia senza sosta attraverso l'innovazione, che non sempre è sinonimo di miglioramento, di appagamento di sentimenti positivi. Ogni passo in avanti corrisponde sempre a qualcosa che si lascia indietro e che inesorabilmente ne viene distrutto. Spesso incontro persone che mi dicono di essere impotenti al cospetto del nuovo, che porta con sé tante scorie e non si accorge di ciò che di buono si lascia indietro.

Per questa ragione credo che le parole di una grande rockstar costituiscano un fantastico appello al sano cambiamento. Vasco sa bene quante persone dipendono dalle sue parole, quelle cantate, quelle dette e soprattutto quelle inventate.

Parlare dell'importanza della meditazione, del silenzio da parte sua non è un'inversione di marcia, come qualcuno superficialmente potrebbe pensare, ma l'inevitabile approdo all'idea di un mondo nuovo, dove c'è spazio anche per il silenzio, per il pensiero-non-pensiero. Così si riesce a capire quanto sia doveroso cambiare, perché il peggiore dei sacrilegi è il ristagno del pensiero.

Cambiare è la cosa più difficile al mondo, ma non cambiare è ancora più difficile.

Ventisettesima giornata

Il cambiamento arricchisce, la pigrizia avvilisce il pensiero

La pigrizia mentale rappresenta il rifiuto, il non farsi abbattere da troppi pensieri è una difesa saggia che può essere un prodromo al miglioramento di sé. Mi capita spesso di ascoltare persone che sostengono che non sia possibile cambiare nulla. Forse non conoscono la storia di un mito di Hollywood, Daniel Day-Lewis, *the living legend*.

Pochi come lui sono stati capaci di vincere ben tre premi Oscar (*Il mio piede sinistro, Il petroliere, Lincoln*). Eppure, doveva essere stanco di frequentare quel mondo così glamour e fatuo, prevedibilmente finto, se un bel giorno decide di tagliare di netto i rapporti con produttori, attori e attrici, copioni da leggere e decine di contratti milionari, e se ne viene in Italia, precisamente a Firenze, ospite di alcuni amici. Forse anche lui come Vasco si era sentito sopraffatto dagli stimoli e cercava un tempo e un luogo dove poter riposare il proprio pensiero.

Ed è così che, pur essendo stranoto al grande pubblico, riesce a condurre una vita solitaria, fatta di passeggiate e di cene con poche persone e senza fotografi ad aspettarlo all'uscita del locale.

Un giorno di bel sole imbocca una via che porta a piazza di Santo Spirito, al Di là d'Arno. Non cerca niente se non un po' di pace e uno scorcio di bellezza che Firenze regala a ogni strada se non ci sono troppi baretti con giovani ubriachi seduti fuori. Fatti pochi passi in quella viuzza, s'imbatte nella vetrina di un calzolaio, osserva le scarpe esposte e poi lui, il vecchio maestro che sta cucendo l'ennesimo paio. Lì per lì non entra nella bottega, si limita a osservare l'uomo che cuce le suole e fabbrica meraviglie. Si ripropone di tornare a vederlo e lo fa, e questa volta non solo si ferma a guardare, ma entra chiedendo permesso con il suo italiano molto *british*.

L'anziano artigiano lo guarda senza farsi troppe domande: tanti stranieri entrano da lui per ammirare le sue mitiche scarpe, ma poi se ne vanno, magari senza nemmeno comprarne un paio. Daniel no. Non vuole informarsi sulle scarpe e sul loro prezzo, ma vuol sapere se per caso avrebbe posto per lui, per imparare il mestiere, senza nulla in cambio.

Forse il vecchio maestro calzolaio si sarà chiesto come mai un uomo giovane di così bell'aspetto volesse imparare un lavoro duro, che ti spacca le mani e che necessita di molto tempo e dedizione prima che si ottenga un risultato decente, ma tant'è, gli concede l'apprendistato gratuito.

Fu così che lui, la stella di Hollywood, iniziò a frequentare tutti i giorni la bottega del calzolaio magico. Caparbiamente, infilando ago dopo ago nella tomaia, imparava a fare o a risuolare le scarpe dei signori fiorentini che capitavano in quel luogo per rifornirsi di straordinari pezzi d'alto artigianato.

La permanenza nella bottega non fu breve, per imparare quell'antico mestiere non basta qualche settimana, ma di questa storia si seppe solo quando l'attore lasciò il maestro artigiano e si ritirò nella sua Irlanda, dove tutt'oggi vive con la famiglia e i suoi animali.

Dunque, cambiare si può, e non si dica che per Daniel era stato facile perché aveva i soldi e poteva permettersi di farlo: quando il successo porta in alto, non si è sempre più liberi, ma al contrario i vincoli della celebrità diventano ancor più asfissianti e dire «no» è un'impresa che pochi all'apice della fama riescono a compiere. Rinunciare non è semplice, ma se ascolti te stesso, se senti che è venuto il momento giusto per superare la linea della quotidianità per approdare in un altrove che non ti dà necessariamente delle garanzie, ma dove ti devi guadagnare il futuro con caparbietà e passione, allora riesci a fare ciò che mai avresti pensato di poter realizzare con le tue mani.

Solo in quel momento capisci che per cambiare non ci vuole soltanto coraggio, ma soprattutto un sogno, un pensiero visionario capace di trascinarti lontano dalla banalità per farti approdare in un porto sconosciuto dove acquisire nuove esperienze e dove si può solo imparare.

Leggo spesso di coppie di giovani che lasciano le grandi città, anche perché diventate carissime per viverci, e traslocano in un borgo o in un casolare e lì ritrovano se stessi imparando a riamare le cose semplici: credo che sia uno degli effetti collaterali della sazietà da tecnologie digitali, che induce anche a pensare a un'alternativa reale per la propria vita che esiste magari a pochi chilometri da dove si è.

Ventottesima giornata

Il rumore del silenzio

Immagino che vi sarà capitato di camminare lungo un viale di platani in autunno, mentre le piante si spogliano sotto un vento di tramontana e le foglie cadono irriverenti addosso a chi passa.

Quando ho lavorato in India, mi hanno spiegato che c'è un albero, chiamato «albero di Buddha», che favorisce la meditazione perché, sedendosi sotto di esso (che generalmente è imponente) e ascoltando il leggero e continuo stormire delle sue foglie, si viene trasportati verso una realtà/irrealtà che concilia con se stessi.

Quando provai questa esperienza, pensai immediatamente al titolo di un piccolo libro di uno scrittore futurista: *Il rumore del silenzio*. Un po' come camminare sul fogliame lasciato dagli alberi all'inizio dell'inverno.

Più che di rumore bisognerebbe parlare di musica, di sottofondo che accompagna lo scorrere del pensiero.

Nella cultura zen, il rumore dell'acqua riveste una particolare importanza. Ecco perché in un giardino zen non può mancare una piccola cascata. Nasce dall'idea che il suono dell'acqua che si infrange sui sassi abbia un effetto rasserenante, e viene spesso riprodotto anche su piccola scala, diciamo in versione domestica. È come se si volesse distinguere un limite tra rumore e rumore, ovvero tra ciò che accarezza il nostro udito e ciò che lo disturba, distraendo l'attenzione dai pensieri.

Penso anche al rito francescano di mangiare in perfetto silenzio, quasi a ringraziare l'onnipotente per aver dato la possibilità a chi ha fede – ma pure a chi non ce l'ha, visto che a quella mensa chiunque può prendere posto – di trovare nutrimento per anima e corpo.

Nutrirsi di silenzio oggi sembra molto difficile visto il clima assordante che si incontra ogni volta che si entra in un bar del centro di una delle nostre metropoli.

Molti anni fa visitai un magnifico convento a sud di Salerno. La persona che mi accompagnava, grande esperto della storia di quel luogo sacro, mi spiegò che il coro ligneo, disposto attorno all'abside della chiesa centrale, era stato pensato in modo che le sedute fossero il doppio del numero di frati che il convento poteva ospitare. Ognuno di loro, infatti, doveva avere alla propria destra e alla propria sinistra un posto vuoto, che poteva rappresentare l'anima di chi era stato seduto lì ed era volato in cielo oppure quella che si sta cercando.

La preghiera come aiuto, preambolo alla meditazione sia per sé sia per chi non c'è più, quasi a trattenere chi ci ha lasciato volendoci bene. In quel luogo, dove un canto gregoriano accompagna il raccoglimento, è come se nessuno fosse mai morto: tutti sono presenti allo stesso modo, un'alternanza perfetta tra realtà e immaginario, che è poi l'essenza della fede. Meditazione, ricordo, assenza incastonata nella presenza.

Tutte le religioni cercano questo intreccio delle attività della mente.

Il contemporaneo non coglie questa necessità per supponenza: pensiamo di non averne bisogno, di poterne fare a meno, di possedere già il necessario, anche se non sappiamo che cos'è l'essenziale, anzi questa è la domanda che tendiamo a eludere più spesso.

Conosco da molti anni il sindaco di un borgo davvero speciale, Bolsena, situato sulla via Cassia. Il centro del paese è arroccato attorno al castello medievale, poi la breve collina scende dolcemente verso il lago, il più grande d'Europa di origine vulcanica. Proprio per indicare ai cittadini e ai viandanti la via della bellezza e condurli sulle rive del lago, alla fine dell'Ottocento un agronomo e urbanista disegnò un viale lungo qualche centinaio di metri, segnandone i lati con una fila di platani che nel frattempo sono diventati maestosi.

La saggezza del sindaco, Andrea, è contenuta in una piccola decisione, diventata norma comunale: il divieto di spazzare le foglie che dalle immense piante cadono quando arriva la stagione del foliage, nessuno deve munirsi di scopa per ammonticchiare quel tappeto rosso e giallo da qualche altra parte. Sarà il vento a fare il mestiere di spazzino, la natura, ma non la volontà dell'uomo, che deve avere il diritto di passeggiare sotto i platani ascoltando più il rumore delle foglie calpestate che quello delle parole. Si crea così, quasi magicamente, un «viale del pensiero», proprio perché quell'atto, il camminare, ritrova la sua importanza in quanto facilita la riflessione. Calpestare una foglia significa ricordarci che abbiamo un'anima da ascoltare e, a volte, da consolare.

In uno straordinario saggio, *Fuochi blu*, James Hillman, fenomenale scrittore e psicoanalista, parla dell'importanza di avere un sassolino nella scarpa perché, questa la bellissima metafora, ti ricorda di avere un piede.

Quanti di noi passeggiano senza accorgersi di farlo? Per quanti quell'esperienza può assumere il valore di uno stimolo a ricordarci di ringraziare per ciò che possediamo, ma che ci scordiamo così spesso di adoperare, ovvero la mente?

Uno stupido, fastidioso sassolino ti fa ricordare che possiedi un piede, così come un manto di foglie secche ti obbliga a sentire e a capire che stai facendo una passeggiata che si potrebbe trasformare in qualcosa di sublime e raro: la fatica del pensare affiora a dispetto di tante distrazioni, superficialità, omissioni.

Il sassolino e le foglie rappresentano, per la verità non per tutti allo stesso modo, il senso ritrovato del pensiero, il coraggio necessario per utilizzarlo come regola della nostra, altrimenti perduta, umanità.

Ventinovesima giornata

Sila, che muore di freddo a Natale

Può sembrare incredibile leggere la notizia che viene dalla terra martoriata di Gaza, dove una bambina di sole tre settimane è morta per il freddo proprio la notte di Natale (una di molte, visto che non si è trattato dell'unica vittima di quell'età). Nemmeno il più feroce tiranno avrebbe mai potuto volere questa atrocità, eppure Sila è morta tra le braccia di suo padre dopo una notte trascorsa in una tenda di plastica, dove un vento gelido ha soffiato inesorabilmente assiderando quel corpicino. Sila non ha visto quel giorno sacro.

Ci aveva provato disperatamente il papà, a proteggere la piccola avvolgendola in una coperta, ma a nulla è servito il tentativo estremo. Lentamente la brevissima vita di Sila si è spenta proprio quando a poche centinaia di chilometri altri bambini e bambine stavano aspettando la mezzanotte per aprire i pacchi regalo depositati sotto l'albero illuminato delle loro case riscaldate. A lei la notte di Natale non ha portato nemmeno il fiato di un asinello.

Sila non ha fatto in tempo a capire quanto possa essere terrificante la cecità umana che l'ha costretta a un'agonia di tre settimane prima di rinunciare a lottare per una vita della quale qualcuno, per ideologia o per perfidia, non ritiene che una neonata come lei possa essere degna.

Chi sostiene che in una guerra tutto è ammissibile non appartiene alla categoria degli uomini. Sila non c'entra niente con un conflitto, la sua morte è solo un simbolo brutale, animalesco, un sacrificio sull'altare dell'odio.

Eppure, anche questo orrore sarà diluito in mille ipocrite giustificazioni, perché nessuno tra quelli che davvero avrebbero potuto impedirlo avrà mai il coraggio di ammettere di essere portatore di morte di innocenti.

Nell'epoca della *cancel culture* sembra che la morte non debba nemmeno essere menzionata. Si arriva a modificare favole scritte secoli fa, non si portano i bambini al funerale del nonno, si previene qualsiasi forma di sofferenza, se la maestra si ammala si dice loro che ha cambiato scuola.

La nuova cultura ama ciò che non sa di nulla, una sorta di melassa indigeribile e falsa. La morte è troppo complicata da spiegare a un bambino, pensano questi.

La realtà delle cose diventa materia per costruire informazioni distorte, di modo che nessuno possa dire con certezza se una cosa è vera, verosimile oppure del tutto inventata. Forse questo è l'obiettivo finale: depotenziare le immagini, le parole, il pensiero. Una cosa, però, è certa e l'hanno ascoltata molti cittadini del mondo: il neopresidente degli Stati Uniti ha presentato un progetto che prevede un esodo biblico forzato dei palestinesi che abitano quella terra, ora ridotta a un cumulo di macerie, per costruire una riviera con alberghi e campi da golf come in Florida. Pensiero agghiacciante.

Qualcuno avrà sospettato che anche la storia di Sila sia stata inventata ad arte, per suscitare odio verso chi ha creato i presupposti di quella morte, altrimenti senza senso.

Se si arriverà a non poter sapere se una fotografia sia vera o creata da un'app, se un articolo di giornale sia effettivamente stato scritto dal giornalista che l'ha firmato e non prodotto da un algoritmo dell'Intelligenza Artificiale, che rimarrà della fiducia? Saremo indotti a dubitare di tutto, nessuno sarà pienamente credibile perché dietro a ogni notizia o accadimento ci sarà il dubbio che non rappresentino in nulla la verità.

Inevitabilmente l'intero mondo dell'informazione, ma anche ciò che una persona dice, la sua esperienza di vita, sarà adombrato dal velo dell'ambiguità. Non ci potranno più essere i saggi perché tutto diventa discutibile, equivoco. La verità è sulla bocca di troppe persone per essere credibile.

Se smettiamo di credere in qualcosa e in qualcuno, saremo più soli, attorniati dalle nostre paranoie o da qualche *rendering* del nuovo paradiso per miliardari nel cuore di ciò che abbiamo sempre chiamato *Mare nostrum*.

Trentesima giornata

La tragica fine della lentezza

Negli anni Sessanta e Settanta molti, in particolare scrittori e filosofi, hanno glorificato la lentezza, ne parlavano in tutte le salse, era il nuovo mantra che si voleva distinguere dallo stile convulsivo e rampante della vita metropolitana. Avevano ragione: vivevamo nel frastuono del boom economico, si celebrava la vita della jet society e i rotocalchi grondavano di personaggi, quelli da ammirare, che passavano da un continente a un altro. Non era solo la velocità, era l'introduzione a un miracolo quasi biblico: l'ubiquità.

Un simbolo come il «Concorde», mitico aereo supersonico che univa Londra a New York in tre ore, permise a Phil Collins, famoso batterista dei Genesis che, allo scioglimento della band, continuò una straordinaria carriera come solista, di iniziare un concerto a Londra e finirlo a Filadelfia senza soluzione di continuità, passando da un elicottero al Concorde a un altro elicottero per arrivare nell'arena dove decine di migliaia di fan lo stavano aspettando. Fu il momento più epico della nuova frontiera che prometteva l'onnipotenza, la sfida era diventata l'immediatezza, tutto doveva avvenire contemporaneamente, l'attesa era trattata come avvilente emblema del passato e la lentezza era diventata un diluente anacronistico.

Dunque, avevano visto bene filosofi e scrittori indicando nella lentezza un pregio, un elemento distintivo del contropensiero, vessillo di una generazione che non si adattava al vortice maniacale dell'oggi. Certo non potevano immaginare che, da lì a qualche anno, un'altra rivoluzione avrebbe imposto una nuova accelerazione alla nostra grammatica quotidiana del vivere.

L'avvento delle tecnologie digitali prevedeva qualcosa di molto diverso dalle loro stesse premesse. Non più il «Think» tanto caro a Bill Gates, il geniale spot pubblicitario della sua campagna per lanciare i nuovi modelli di desktop computer IBM, e nemmeno l'altrettanto geniale risposta con il mitico «Think different» di Steve Jobs e della sua Apple. Una contrapposizione inspiegabile, visto che entrambe le aziende affermavano che le loro straordinarie invenzioni avrebbero concesso a tutti maggiore libertà: non più pesanti macchine da ufficio, bensì gioielli colorati e leggeri che avrebbero permesso di lavorare da casa, ma anche di scrivere e pensare in autonomia e solitudine, addirittura di declinare a piacimento e in modo creativo la propria libertà di pensiero.

E molti della mia generazione ci hanno creduto, tanto straordinaria era l'opportunità che ci veniva proposta: addirittura la campagna pubblicitaria della Apple di Steve Jobs era corredata dall'immagine di personaggi entrati nel pantheon del nostro immaginario: da Maria Callas a Gandhi, da Picasso a Martin Luther King, da Einstein a John Lennon. Come avremmo mai potuto dubitare di uno slogan che ci invitava a immedesimarci in una di quelle figure di culto?

Parlare di lentezza significava concedersi un'altra possibilità, diversa da quella sincopata che veniva veicolata da qualsiasi media. Andare piano, riscoprire la natura e la sua magica capacità di far rifiatare, di dare un tempo non esasperante. Ma quell'intuizione fu subito interpretata come se fosse una moda da seguire e poi da lasciare per approdare a un'altra più adatta a rappresentare la nuova era che si stava diffondendo.

Accadde l'imprevedibile. La tecnologia, nata per avvicinare la gente, la separò, invece di farci andare più veloci ottenne l'effetto contrario: il rallentamento non soltanto del corpo, ma soprattutto della nostra mente.

A forza di delegare le nostre funzioni a una macchina, il nostro cervello – meccanismo delicato e raffinatissimo – iniziò ad allentare le sue capacità di connettere, di ricordare, di comprendere. È il fenomeno, tutt'altro che raro, che alcuni neuroscienziati hanno definito con il termine di «demenza digitale», e che ho già ripreso in un libro di una decina d'anni fa, *Baciami senza rete*.

L'immagine che rende l'idea è quella di persone che si muovono a caso in mezzo alla folla, con gli occhi puntati su uno schermo per trovare la direzione giusta senza sapere qual è. L'altra sera ho incontrato un orientale, per meglio dire mi ci sono scontrato, che girava in un supermercato con uno smartphone che lo stava, secondo lui, guidando tra gli scaffali: cercava i pelati o le birre con Google Maps. Sembrava un film che avrebbe potuto girare Jacques Tati, grande interprete e regista francese che amava e rappresentava come pochi l'ironia e il surreale della vita contemporanea.

Era ovvio che quel signore avrebbe fatto prima a chiedere a un inserviente del supermercato per sapere dov'erano l'insalata o le uova. Ma lo strumento diabolico insegna anche a non fidarsi dell'altro, bisogna fare tutto da sé, gli altri distraggono e non sono credibili, al contrario di un algoritmo.

Il problema non è la velocità di «esecuzione» (che è diventata istantanea in quanto non umana), ma ciò che abbiamo delegato alle macchine: temo, esattamente come temono molti illustri neuroscienziati, che la nostra capacità cognitiva e quella relazionale stiano consumandosi, anche se la percezione di questo pericolo non sembra essere condivisa da molti cittadini, che ritengono obsoleto ogni comportamento e ragionamento dell'era pretecnologica.

Passeggiare in una via è diventato difficile tante sono le probabilità di essere investiti da uno/a zombi che non si guarda attorno perché si lascia orientare da un'applicazione, che gli impedirà di conoscere città, trattorie o negozi diversi da quelli scelti da Instagram o da altri programmi fatti per eterodirigere l'umanità.

Il risultato è un immenso alveare di esseri umani che vagano come inebetiti tra le macerie di una comunità che esiste soltanto nei nostri sbiaditi ricordi.

Spesso mi sono domandato se fosse questa la lentezza di cui parlavano Milan Kundera, nel suo best seller *La lentezza*, o Norberto Bobbio, autore di un saggio dal titolo *Elogio della mitezza*, termine usato in questo caso come sinonimo di gentilezza e rispetto. Non credo che sarebbero soddisfatti nel vedere questa sorta di apatia, di atarassia, questo disorientamento, questa ricerca di una bussola senza la quale non siamo più autonomi, ma condannati a un'eterna abulia.

Kundera e Bobbio sarebbero sconvolti se camminassero in questo panorama desolante. Non abbiamo scelto la lentezza per goderci la vita, per prenderci più tempo per noi, ma siamo semplicemente indolenti perché costretti a vivere da sudditi di un *device*.

E nessuno di noi sa oggi ciò che potrà accadere domani con l'Intelligenza Artificiale. Di sicuro vi sarà un incremento di questa lentezza inerte, in quanto nuovi meccanismi di delega ingarbuglieranno le nostre intelligenze ancora di più obbligandole in ruoli gregari.

Mi chiedo se è quello che vogliamo, se il lungo viaggio dell'uomo verso una vita migliore debba prevedere la rinuncia al nostro talento intellettivo e l'avvilimento del tono emotivo, che da sempre comportano anche accelerazioni imprevedibili e potenti.

Ma c'è un elemento che è perfino più pericoloso della lentezza mentale che ho appena descritto. Se il nostro cervello non è più nutrito dalla sfida dell'innovazione (ci penseranno i sistemi complessi artificiali), chi sarà deputato a pensare e a prefigurare ciò che ancora non c'è? Certamente delegheremo a una macchina, non a un genio.

Forse dovremmo pensare a un luogo della terra dove uomini e donne vivranno senza tecnologia, ma con enormi biblioteche che permetteranno loro di diventare «consulenti mondiali» delle scelte che ogni paese, ogni classe dirigente farà. Isole di libertà digitale, luoghi dove non ci sarà il dubbio che il pensiero umano sia così inquinato da non potersene più fidare. Una sorta di *no man's land*, di piccoli territori non inquinati dove potremo cercare qualche «saggio» il cui pensiero è davvero libero e non vincolato da un software.

Andremo forse in pellegrinaggio in questa terra incontaminata dalla contemporaneità per avere consigli dagli ultimi saggi del pianeta?

Ciò che è recentemente accaduto in una delle parti più inaccessibili dell'Amazzonia ci dice che anche questa possibilità sta diventando esigua: lo strapotere dei padroni della rete digitale e satellitare è arrivato o può arrivare ovunque. Un fotografo americano ha raggiunto una piccola popolazione di indigeni che avevano avuto in «dono» sia la possibilità di accedere a internet tramite una rete satellitare sia un gadget per usufruire di ciò che la rete propone. Le fotografie sono allucinanti, nel senso etimologico del termine: ogni indigeno, dai più giovani ai più vecchi, aveva uno smartphone con cui seguiva o una partita di basket o chissà quale altra amenità. Risultato scontato: ognuno per sé, la comunità parcellizzata e sfilacciata, nessuno parlava più con gli altri, ma si divertivano da matti nel loro rito solitario.

Se la terra sarà popolata soltanto da persone «connesse», il panorama non sarà certo più ricco di quello che c'era fino a poco tempo fa. La coesione sociale ha salvato il mondo da immani tragedie; quindi, la spoliazione di tali legami affettivi non potrà che portare a un insieme di persone tutte collegate ma sole.

Eppure, non sarà la solitudine digitale il male peggiore.

Qualche filosofo contemporaneo ci aveva avvertiti. Byung-chul Han, sudcoreano, ha scritto molto su questo e in un paese tra i più avanzati dal punto di vista dell'innovazione tecnologica le sue parole e profezie devono essere sembrate blasfeme, visto che è dovuto riparare a Berlino, dove continua a insegnare all'università.

La sostanza del suo pensiero è lapalissiana: se le tecnologie contribuiscono tanto facilmente al decadimento mentale, chi rimarrà così integro per poter inventare qualche nuova forma di innovazione? Secondo Byung-chul Han, si potrebbe venire a creare una sorta di cortocircuito: le aziende continueranno a costruire nuovi *device* che «indurranno» comportamenti simili alla demenza, i compratori ne diventeranno dipendenti e non ci saranno più menti libere per criticare e per indicare nuovi orizzonti. Quindi Byung-chul si chiede: come faranno quelle aziende digitali a proporre idee sempre nuove se sono loro stesse a deprimere il pensiero più brillante e innovativo?

Il mito del *multitasking*, ovvero la capacità di fare più cose nello stesso momento, si è già sgonfiato. Nella realtà è accaduto l'esatto contrario: i dipendenti da tecnologie digitali sono caratterizzati da una considerevole lentezza mentale, che non porta a nessuna competizione positiva, ma soltanto a un'omologazione deprimente.

Questo fenomeno – peraltro molto visibile osservando i più giovani – ha una ricaduta non solo sulle capacità cognitive, ma anche sulla fabbrica del pensiero, che inevitabilmente appare impregnato di una forma di indolenza e pigrizia mentale. In altre parole, un pensiero flemmatico, rallentato. Ciò che viene meno, come immediata conseguenza, è l'entusiasmo, la voglia irrefrenabile di aggiungere qualcosa alle nostre labili conoscenze. Ho sperimentato molte volte che negli studenti, pur senza fare alcuna generalizzazione, si nota una sorta di flemma, quasi che volessero vivere alla giornata come al tempo dei romani, con la differenza che all'epoca l'aspettativa di vita superava di poco i trent'anni, mentre oggi è tre volte superiore.

L'umanità dinamica, che detesta l'ignavia, sembra ben lontana dalla maggioranza delle persone che abusano della tecnologia digitale. Non molto tempo fa qualcuno sosteneva che era necessario far correre i computer sempre più velocemente in modo da poter ritagliare un tempo lento per noi. Come se la lentezza fosse una sorta di vacanza perenne.

Chi si muove per la città comandato, a ogni suo passo, da un programma che dice qual è la strada più breve, il negozio da scegliere in base a una classifica costruita a uso e consumo del marketing aziendale, non potrà mai imparare ad agire con la propria testa; quindi, il suo pensiero tenderà ad annullarsi rimanendo un residuo inutile. Il cervello non si è sviluppato nel corso del tempo per copiare e ripetere le stesse cose, le stesse parole, gli stessi pensieri, ma per meravigliarci e meravigliare, per compiere l'insueto.

L'Intelligenza Artificiale non potrà che dare un'ulteriore spinta al depauperamento in corso. Tutti ricorreranno alla meravigliosa novità che promette la soluzione di un problema premendo semplicemente un tasto della tastiera o un punto preciso dello schermo di uno smartphone. Non ne nego i vantaggi, ne temo l'automatismo acritico.

Aveva ragione Byung-chul Han: il nemico non è fuori dal nostro fortino, ma abita dentro le nostre case metaforiche, ovvero le nostre ristrette coscienze, lo abbiamo creato noi e ora, come un virus fuggito da un laboratorio segreto, sta divorando la parte migliore del nostro corpo, il cervello pensante.

Sarà interessante vedere che cosa succederà, non nell'immediato, quando prevale la novità e soprattutto la forza del marketing delle aziende coinvolte, ma nel medio termine, quando anche quel mondo chiamato settariamente e altezzosamente «terzo» o «quarto» avrà completo accesso al digitale, di cui oggi può verificare gli effetti nei paesi cosiddetti «avanzati» che ambisce a imitare. Allora si potrà fare un confronto tra chi da lustri ne sta abusando e i novizi che hanno dovuto scontare un ritardo tecnico e culturale.

La lentezza, strumento che abbiamo sempre utilizzato per affinare il pensiero, potrebbe imboccare una nuova strada e diventare un fine assai diverso da quello che l'umanità conosce da secoli: quello che ci porta a dissuadere lo sviluppo di talenti individuali per farli diventare simili.

Un tempo si conosceva bene la differenza tra lentezza e ozio, oggi si tende a sovrapporli. L'ozio è stato inventato dal lavoro – dalla rivoluzione industriale in avanti –, da sempre descritto come ciò che produce il peggiore dei mali: l'alienazione. Quindi, l'ozio diventava un gesto rivoluzionario in quanto atto di ribellione contro il capitale che obbligava milioni di esseri umani a sopportare fatiche e malattie. Oggi tutto ciò emerge con chiarezza quando si lotta per la settimana corta, per il lavoro a distanza, per licenziarsi da contratti a tempo indeterminato preferendo consulenze e lavori più effimeri.

A fine Ottocento, nel suo pamphlet *Il diritto all'ozio*, Paul Lafargue, citando il filosofo tedesco Gotthold Lessing, scriveva: «Diamoci all'ozio in ogni cosa, fuorché nell'amore e nel bere, fuorché nell'oziare».

Il problema è che una buona parte dell'umanità ha il compito di concepire un'esistenza senza diventare dipendente dalla tecnologia digitale e contemporaneamente trovare tempo per la crescita personale, per coltivare interessi non per forza produttivi. Il paradosso di vivere tutti connessi, ignorando quanto ciò possa incidere sul calo di creatività e di innovazione, costerà caro.

Mi sembra un compito non solo ambizioso, ma anche contraddittorio, perché le nostre facoltà mentali traggono nutrimento da ciò che facciamo (lo si chiami lavoro o altro, mi sembra una questione solo lessicale), e se diminuiamo progressivamente la nostra operatività, come si potrà campare e mantenere i privilegi fin qui accumulati?

Si verrà a creare un conflitto di interessi. Da una parte chi concepisce una sopravvivenza con il minimo sforzo (la mitica *comfort zone*), dall'altra chi deve lavorare (spesso in condizioni di vero e proprio sfruttamento) per permettere ai privilegiati di continuare a vivere nella comodità e nel minimo sacrificio personale.

Se si pretende di giacere su un divano mangiandosi una pizza, occorre che un lavoratore si butti a capofitto nel traffico cittadino su una bicicletta o su un motorino per consegnarla a domicilio. E non si tratterà di un conflitto generazionale, perché sarà molto probabile che chi ordina la pizza online abbia la stessa età di chi deve pedalare per portarla tiepida a destinazione.

Per chi sperava in una democrazia per tutti, mi sembra una terribile contraddizione, ma siamo ancora in tempo, se vogliamo, a cambiare il corso delle cose, altrimenti il corso delle cose cambierà noi.

Trentunesima giornata

Il politicamente corretto uccide il pensiero

L'ironia, come il pensiero, è libera, altrimenti non ha senso e cercare di zittirla è paradossale, socialmente autolesionistico.

È successo a una celebre vignettista del «Washington Post» vincitrice del premio Pulitzer. Aveva disegnato l'editore del suo stesso giornale assieme ad altri miliardari e tycoon della tecnologia digitale nell'atto di genuflettersi di fronte al neoeletto presidente degli Stati Uniti, Donald Trump. Ovviamente, la vignetta metteva in luce la «conversione» dei leader dell'innovazione tecnologica al nuovo inquilino della Casa Bianca, cosa che solo qualche settimana prima sarebbe sembrata assolutamente impensabile.

Tale prostrazione al grande padrone degli Stati Uniti d'America non poteva passare inosservata, anche perché è apparsa su uno dei quotidiani più influenti del paese e tra quelli più apertamente *liberal*. Ciononostante, la fumettista è stata prima criticata e poi espulsa. «Non era mai successa una cosa simile» ha detto l'interessata ai giornalisti. In effetti, da un quotidiano così aperto alle diverse opinioni non ci si aspetta un comportamento tanto discriminatorio nei confronti della libertà di espressione e di pensiero. Eppure, è capitato, forse anche per far capire che il nuovo inquilino della Casa Bianca non tollererà critiche o ironia da parte di nessuno. Il clima, anche in quel paese, è decisamente cambiato.

Mai il «politicamente corretto» che poi diventa ossequioso al potere, quale che esso sia, aveva mostrato tanta arroganza, ma credo che nemmeno l'opinione pubblica più sensibile al tema dei diritti d'opinione getterà una ciambella di salvataggio all'intellettuale colpevole di «lesa maestà». È noto, non soltanto negli Usa, che si fa presto a saltare sulla barca del vincitore, anche se ciò comporterà mettere la museruola a tanti liberi pensatori.

Leggendo la vicenda della nota vignettista, sembra di essere riprecipitati negli oscuri anni del maccartismo, quando Hollywood iniziò una caccia alle streghe pensando che i *liberal* altro non fossero che beceri comunisti al soldo di Fidel Castro.

Siamo dunque tornati a quegli anni così conservatori? È questo che si vuole?

La differenza con il passato c'è ed è evidente. Un tempo erano il monarca, il Papa, il dittatore, una maggioranza governativa che, attraverso le loro leggi, potevano decretare la vita o la morte del ribelle, del capopopolo avverso, dell'eretico.

Oggi non abbiamo più bisogno di processi nelle pubbliche piazze per dimostrare al popolo che cosa può accadere a chi disobbedisce o si fa gioco del potere sovrano. Vi sono milioni e milioni di tribunali in cui ognuno emette la propria sentenza, basata o meno su riscontri effettivi, questo poco importa.

Recentemente è stato annunciato che su alcuni social media non ci sarà più la verifica delle notizie pubblicate. Come a dire: siete liberi di mettere alla gogna chi volete, non vi servono prove per commettere questa barbarie, l'importante è che tutti usino i social media e che una manciata di miliardari ci guadagni il più possibile.

Eppure, persino durante il fascismo e il nazismo c'erano strumenti di critica – magari clandestini – che la gente poteva leggere per non essere bombardata dal pensiero unico.

È pur vero che «Il becco giallo», settimanale di satira antifascista, ebbe soltanto due anni di vita, però resistettero per qualche decennio circoli artistici in chiara antinomia con la cultura predominante nella Germania prenazista, come per esempio «Die Brücke» (Il ponte), che raggruppò le opinioni controcorrente di alcuni tra i più prestigiosi espressionisti dell'epoca.

Quindi dovremmo dedurre che stiamo andando verso una deriva regressiva dove la censura avrà una modalità nuova per esprimersi, quasi un paradosso: invece di proibire un pensiero, li libera tutti. Ciò comporrà una sinfonia caotica dove ognuno potrà dire ciò che vuole. Il risultato sarà lo stesso.

Se dalle nostre democrazie nascerà un nuovo approccio che, simile a un serpente con due teste, da un lato perseguiterà il pensiero non allineato, come professa la *cancel culture*, e dall'altro abolirà qualsiasi forma di controllo su ciò che si afferma sui social media, il risultato sarà aberrante: in ogni caso il pensiero *liberal* sarà la vittima più illustre.

Si tratta di un mostro che qualcuno troverà contraddittorio, ma che in realtà ha un obiettivo preciso: creare sfiducia nel prossimo, perché qualsiasi affermazione sarà puntualmente smentita da un'altra fonte creata *ad hoc*, ma anche dare ai cittadini tecnologizzati l'illusione che la libertà non ha e non deve avere barriere.

È il grande paradosso del nostro tempo. Per ideologia, per convenienza, per denaro, per sete di potere si creano e si finanziano lobby che vivono per demolire il pensiero altrui, come cecchini addestrati a prendere di mira chi osa sostenere verità diverse da quella imposta dall'alto. Una conseguenza tremenda sarà l'autocensura, perché chi scrive o parla si frenerà dando ascolto a un veto che non verrà più dall'esterno ma sarà stato interiorizzato.

Poi ci sarà l'altra faccia del mostro, quella che, apparentemente liberale, toglierà qualsiasi limite all'informazione pur sapendo che in essa convivranno verità e falsità in egual misura.

La parresia che ho citato in un mio libro precedente, *Mordere il cielo*, ovvero la responsabilità di cercare e di diffondere la verità, tenderà a non essere più credibile, proprio perché tutti – i sapienti e gli ignoranti – saranno messi sullo stesso piano. La tecnologia digitale come un'enorme livella eguaglierà tutto e tutti.

Ciò comporta un pericolo immane per una civiltà: il proliferare della sfiducia. Se nessuno si potrà affidare a nessuno, che ne sarà delle nostre relazioni affettive, amicali, sociali?

Diventeremo lupi che non riconosceranno nemmeno il proprio branco? Il pensiero, quando diventa unico, perde il proprio significato.

Trentaduesima giornata

Forever young

Un cerchio di cipressi in cima a una collina. Li aveva piantati lì perché da quella breve cima poteva vedere tutto rimanendo fermo: il mare, i campi di erba Spagna, le viti, gli ulivi e soprattutto il cielo. Forse lo sapeva fin dall'inizio, dalla prima volta che si era arrampicato fin lassù, che lì sarebbero volate in un giorno di vento le sue ceneri. E tutti i suoi vecchi amici ad attaccare nastri colorati a quelle piante così ritte, come solo l'onestà e la dignità sa far crescere. Cipressi severi e tetri, scomposti dalla brezza, che diventano con lui un piccolo lunapark per far ridere i bambini.

E i più giovani con gli occhi umidi di strana tristezza gioiosa perché non hanno perso un maestro ma un padre, intransigente e gentile. E le figlie con i nipotini che montano due cavalli che devono avere capito ogni cosa, anche il perché di tutta quella gente riunita con quei nastrini colorati. Il grande cavaliere non c'è più, ma altri verranno, cresciuti dai suoi occhi capaci di immaginare molto al di là di ciò che ogni altro riesce a vedere.

Non so dove stare. Non tra i decrepiti perché non mi ci sento ancora, né tra i giovani che hanno tutta la vita davanti per ricordarlo. Io non ho molto tempo per farlo. E poi come si sta a un funerale che non è un funerale, e nemmeno un addio, ma una sorta di rave, senza formalità e senza compostezza? Le chiese sono fatte più per piangere i morti che per accogliere i vivi. Ci si mette a sinistra o a destra della navata, la bara in cima, sotto l'altare. I più vicini al defunto o i più potenti stanno davanti, gli altri indistintamente indietro: la chiesa crea una gerarchia anche nel dolore.

Qui no. C'è gente sparsa e diversa da tutti i punti di vista, variopinta, cappellini da ex rockettari, fotografi che non scattano nulla perché tutto è già stato fotografato; lo ha fatto lui molto prima di tutti gli altri.

Ci vorrebbe silenzio, ma sarebbe ingiusto: «Viva Oliviero» si sente gridare e poi sotto *Forever Young* di Bob Dylan, che continua ininterrottamente come un disco dimenticato sul grammofono mentre la voce roca sembra che stia per piangere e che voglia arrivare giù verso la valle e ovunque per dire chi era quello che non c'è più.

C'è chi si racconta o chi sta zitto e si guarda intorno come si fa quando senti che qualcosa sotto i piedi si è mosso per sempre, poi ci si abbraccia e sembra strano non vederlo più in giro.

Sto parlando dei primi giorni dopo la morte di un genio, di un amico, di un fratello più grande, di un compagno, di un uomo che non sapevo nemmeno quanto fosse grande per me. Ma c'era, aspettava in quel pezzo di terra dove per lui passerà una luna splendente. Tutto è impeccabile come in uno studio fotografico, le luci sono giuste, i ragazzi e le ragazze scompigliate come deve essere la giovinezza, quella che lui amava e da cui non avrebbe mai voluto staccarsi.

Oliviero e io abbiamo avuto la fortuna di incontrarci e di guardarci negli occhi per anni in una trattoria, in un viaggio, in uno studio di posa, nel salottino di un milionario che non ci avrebbe mai pagato l'idea che gli avevamo proposto, ma anche bestemmiando al telefono per via di questo mondo che non ci piaceva ma che non riuscivamo a raddrizzare. Abbiamo riso e ci siamo incazzati, no, tra di noi mai, ma per quelli che non capiscono e non vogliono capire che di gente giusta e libera ce n'è sempre di meno e ci vorrebbe una serra per proteggerla dalla morte.

Oliviero Toscani non c'è più, non è un suo sberleffo, anche se è andato via in un giorno d'inverno che sembrava primavera, con l'azzurro terso dalla tramontana che spettinava la criniera dei cavalli e asciugava presto le lacrime anche a chi non voleva piangere. L'ultima festa si è consumata così, perfettamente sbagliata.

E io torno a casa improvvisamente vuoto. Prendo un treno nel luogo in cui lui mi portava, che sembrava una scenografia finta da Cinecittà, Campiglia Marittima. Arrivava lì con la sua mitica Land Rover verde, e poi una pacca sulla spalla e quel «Fatti sentire presto, ciao».

E ti viene una rabbia dentro perché poi non lo hai fatto mai abbastanza, perché passava del tempo prima di richiamarci, ma l'amicizia è anche questo, funziona come una pianta grassa cui non bisogna dare troppa acqua. Può succedere di tutto, ma l'amicizia non crolla, è antisismica.

Non ci si telefona per necessità, ma per il bene che ci si vuole e io a lui ho voluto quel tipo di bene che non sempre riesci a dimostrare. E volevo dirlo a quei due o tre che erano nella carrozza con me, chiusi nella loro catalessi. Loro non sanno che è morto l'uomo più libero e che ce ne rimangono pochi.

Una cosa resta oltre le ceneri che sono ormai coriandoli, come gli sarebbe piaciuto diventare dopo, quando tutto finisce o sembra che sia così. Quelle folate troppo fresche di una giornata diversa da tante che sparpaglia anche Bob Dylan, che su quelle colline dolci sembra esserci nato. Me lo sono chiesto, in quel vagone semivuoto che procedeva lento, per fermare la mia testa che frullava e mischiava il dolore, l'assenza, il buio inghiottito dal mare poco più in là: che mi rimane di un uomo così, di un'amicizia così?

Oliviero è stato maestro di libertà, mi ha insegnato a non avere paura delle idee, perché più sono chiassose, più sono irriverenti, più a lungo vivono. Che bisogna aver paura solo di non pensare. Le regole, la visione, hanno un senso solo quando ti fanno girare il collo e guardare indietro. E lui lo ha fatto, magari non accorgendosene. È riuscito a non entrare in nessuna categoria, di quelle che piacciono tanto ai poveri di spirito. Lui non era fotografo e pubblicitario, semplicemente era di più, quel di più che non riesci a dire, perché non va detto. Lui ha fatto di tutto per non essere nessuna etichetta, andava oltre anche quando non se ne accorgeva.

Ogni scatto fotografico è un autoritratto, mi ripeteva sempre. Quindi ti svela, ti danna, ti salva, ti opprime, ma non può lasciarti indifferente. Per trent'anni lui mi ha insegnato a guardare fuori di me. E mi sembrava perfino di esserci riuscito, se poi non fosse arrivata quella tramontana di gennaio che lo ha fatto volare come un aquilone che scappa dalle mani di un bambino. Non ero ancora pronto a non potergli più parlare.

Aver conosciuto Franco Basaglia e Oliviero Toscani è stato per me come essere iscritto al miglior college del mondo. Insieme mi hanno spiegato che cos'è la libertà, che non è fare ciò che si vuole, ma provocare il pensiero di ognuno di noi ed espanderlo, gridarlo fino a lacerarlo. Entrambi mi hanno insegnato a sfidarla, la libertà, a ogni costo come marinai tosti che sanno che ogni onda potrebbe essere quella che ti fa naufragare, ma tu sai governarla senza vantartene. E devi essere anche testardo come il «colombre» del celebre racconto di Dino Buzzati, il mostruoso pesce che segue il giovane capitano in tutti i mari del mondo fino a fargli capire che non si scappa dalle idee, anche quelle più terribili.

La provocazione non è un atto volontario, altrimenti sarebbe vuoto esibizionismo: nasce spontanea come mala erba, perché è la libertà che diventa pratica sociale, libri, fotografie, slogan, scelte di vita. L'inquietudine che forza i lucchetti della nostra mente fino a farla volare sopra gli arroganti, gli ipocriti, gli ignoranti.

Una volta, eravamo nel bel mezzo della pandemia, Oliviero mi disse: «Mi sento come un ignavo di Dante». Perché solo un virus terribile era riuscito a costringerlo a camminare dentro il ranch, ma poi era riemerso anche se l'età cominciava a essere fastidiosa e dava i primi segni, i primi, malinconici, preavvisi. Nemmeno quel bastone, scolpito da un contadino lucano, su cui ogni tanto si appoggiava ha fermato la sua mente, perché chi nasce libero muore libero e sarà d'esempio per tutti quelli che sul colle dei cipressi hanno pianto e per tutti quelli che cercano un'ispirazione inconsueta, non un eroe ma un cocciuto cacciatore di verità.

Ora che anche *Forever Young* tace, lasciando che le ombre di una sera di luna s'allunghino a inseguire i sogni di una parte dell'esistenza di tanti, ora che il mio treno maledetto arriva a Termini e non so bene dove andare, sento che l'unico posto sarebbe attorno a un tavolo come in quella mitica cena quando ci eravamo trovati, io e te, al Bolognese, in piazza del Popolo, parlando di come avremmo potuto far chiasso e svegliare i mediocri, di nuovi seminari da organizzare, di podcast che nessuno ebbe voglia di registrare.

Scendo dal treno in quella stazione sudicia, scappo con il motorino verso casa. E quei cipressi non li ho lasciati lì per sempre a prendersi la pioggia, le albe, il gelo e il secco che l'estate regala a quella terra. Tornerò ad accarezzarli come un vecchio cane ostinato a volermi bene.

Sono più solo, ma so più cose.

Oliviero non chiamerà al telefono, tanto ho capito che devo fare da me, andare avanti con la sua sfacciataggine, il suo sarcasmo, la sua voglia di abbattere la retorica che ha ammalato questo paese.

Non c'è altro da fare, quando i geni se ne vanno, che cercare cose che li farebbero sorridere, e non saranno repliche di un pensiero, perché sarebbe pietoso. Ma tentare di fare qualcosa di diverso e irritante. Quanto mi sarebbe piaciuto sorprendere Oliviero, lui che aveva visto quasi tutto.

Oliviero ora se ne sta seduto come un capo indiano al centro dei cipressi, lo si può vedere nelle sere di luna. E mi viene da dire: «Guardate, ragazzi e ragazze, quello è il profilo di un uomo che non ha mai cercato la pace in se stesso, si è sempre scosso dalle vie facili e banali, ne ha indicate di nuove, eccessive, imprudenti. Guardate quel ciuffo di alberi alti che ora gli si sono stretti accanto, lui è lì che vi osserva e s'arrabbia se non mettete la passione nelle cose che fate. Non fate cose banali, cercate Oliviero e lui ci sarà, come c'è sempre stato per tutti noi».

Perché una vita, quando è bella come quella che ha vissuto lui, non la si può ripetere, ma ci si può ispirare, basta custodire in sé, sempre, l'audacia della libertà.

Oliviero ha rischiato mille, un milione di volte di commettere il reato di pensare. Se pensare fosse un crimine, a Oliviero avrebbero dato l'ergastolo.

Lui che è sceso come un torero solo nell'arena sfidando una bestia inferocita. Oliviero come Manolete, che arriva a cercare il rischio fra quelle corna scure e appuntite come coltelli, fino a sentire l'odore del sangue che gli scorre dalla fronte.

Perché tu, Oliviero, mi hai insegnato a osare sempre oltre

le nostre stesse capacità e lo hai fatto scoprire a tutti quelli che si erano lasciati sopraffare dalla paura, dall'omertà, dalla pavidità.

E sei stato credibile, perché l'hai sempre pagata di persona, quella sfida.

E ora, tornato a casa, riguardo le foto che mi hai mandato tante volte per Natale, immagini che non lasciano mai quieti, che fanno pensare, sorridere, inorridire. Che obbligano a non fare mai ciò che troppo spesso ho fatto, togliere il piede dall'acceleratore della vita.

Se esistesse un premio per i pensieri più temerari, tu avresti la bacheca piena di trofei, ma non li avresti mai guardati, perché, anche questo me lo hai detto sempre tu, il successo è un participio passato, è già accaduto, è dietro e mai davanti.

Ora, a noi che restiamo, nonostante le nostre fragilità, compete scuotere un po' il mondo per quel poco che possiamo fare senza di te: non smettere mai di pensare.

Mi siedo su un divano e mi tornano in mente tutte le tue proposte, i progetti: un vulcano, un albatros che vola sopra l'oceano delle banalità.

Tu invece continuerai a far paura anche ora che ti sei seduto in quel cerchio di cipressi a guardare il mondo che non va e sorriderai serrando le labbra e scuotendo la testa.

Sei come la saggezza di un folle, quello che ho amato da subito, avevo 16 anni, quando ascoltai per la prima volta *The Fool on the Hill* dei Beatles, la storia di un uomo solo che osserva, dall'alto della sua collina, il sole che scende e la terra che gira in tondo senza dare una risposta. Ecco, anche tu ti sei arrampicato lassù dove ti hanno lasciato i tuoi figli e tua moglie e tutti gli amici. E ora hai la testa tra le nuvole che amavi tanto, e forse sorridi di noi che ti cerchiamo nelle cose di ogni giorno.

Tu sei lo stesso di sempre, occhi che non si stancano di guardare, pensieri che viaggiano invariabilmente al contrario. E forse ora non saprai più come non arrabbiarti contro la stupidità, perché ce n'è troppa per riuscire a sopportarla.

Ormai per me il tempo è cambiato, ma continuerò a ispirarmi al tuo pensiero, come potrò lo farò.

La tua intelligenza continuerà a insegnare a me, ai tuoi allievi e ai tanti che non hanno avuto la fortuna di conoscerti, ma che stanno cercando un punto di riferimento, qualcuno capace di sedurli come fece il professore nell'*Attimo fuggente* con i suoi allievi, perché il bene si trasmette fra le cattedre e i banchi, fra i cipressi e i cavalli al trotto, fra un set fotografico e un luogo dove s'insegna a creare qualcosa di inconsueto come un viaggio tra gli zingari di Pavia e i folli di Volterra.

Perché tu non sei mai invecchiato, tu resterai per tutti *forever young* e continuerai a dirci come si fa a non avere mai paura della morte, e di quel buio che ti sei immaginato mille volte nell'ultimo tuo ritiro, dove qualcuno ti ha raggiunto ma senza mai trovare tristezza; anzi, sei riuscito a infondere la forza del pensiero, dell'ironia, del sarcasmo che servirà ora ai più fragili di noi.

Dopotutto, la morte è un pensiero intermittente: a volte ci sembra vicina, altre scappa via con una risata. Proprio come facevi tu.

Come quando, tanti anni fa, abbiamo fatto quella meravigliosa passeggiata a bordo di un calesse leggero tirato da un cavallo possente: ecco, mi piacerebbe che tu sapessi che quel lungo silenzio interrotto dagli zoccoli mi ha istruito ancora una volta a credere all'eccezione, ai «pensieri obliqui», come li chiamavi tu. Non te l'ho saputo dire allora, ma tu l'avevi capito e mi hai perdonato.

Trentatreesima giornata

Il Manifesto del pensiero è affisso ad Atlantide

È difficile accomiatarsi quando si scrive un libro, pensi sempre che qualcosa manchi nella narrazione, non sai se le parole scelte siano quelle giuste, gli esempi efficaci, utili. Affrontare la chiusura di un libro è ancor più complesso in un momento come questo, quando è palpabile il disorientamento di gran parte della gente che abita quella zona del pianeta che nemmeno sa se potrà ancora chiamare Europa.

Vorrei chiudere con una speranza, uno slancio, un moto dello spirito che ci faccia ritrovare la forza e la dignità perdute. Forse anche per questo mi piacerebbe vedere una piazza gremita di giovani che improvvisamente gridano: «Ridateci il diritto di pensare, restituiteci i sogni!». Sarebbe una bella sorpresa, perché pensare implica sempre fiducia.

Abbiamo passato secoli a volerci male, nonostante ciò che ci hanno insegnato tutti gli dèi e i sacri testi non c'è stato niente da fare: gli uomini e le donne hanno imparato prima a odiare che a volere bene. «*Homo homini lupus*» diceva Plauto: non è forse spaventoso vedere che l'umanità è ancora inchiodata alla croce del rancore? Forse qualcuno sperava di aver addomesticato le belve, ma non è andata così, visto che i potenti della terra, proprio mentre sto scrivendo queste ultime righe, minacciano una terza guerra mondiale come una fattucchiera dilettante.

Eppure, dall'angoscia di quell'eterno ricatto, proprio da quel luogo privato di bene, dovremmo ripartire. Perché anche quando si sbaglia si può fare del bene, basta ammetterlo, capirlo e guardare più in là dell'ostacolo che abbiamo messo tra noi e l'infelicità degli altri.

Pensare è pensare al bene, altrimenti non ne varrebbe la pena visto che è così faticoso; è creare uno di quei ponti che le guerre amano così tanto distruggere; è antidoto, scialuppa, ristoro da un dolore che sembra non allontanarsi.

Ecco cosa vorrei dire, infine: il pensiero ha un proprio Manifesto che parla a chi soffre senza saperlo, gli dice cosa c'è dentro di noi, ognuno di noi, e questo già di per sé è cura. Occorre cercarlo ovunque e alla fine lo si trova in un luogo invisibile, una nuova Atlantide.

Manifestare il pensiero è l'opera più rischiosa che un umano conosca. Ci si deve mettere la faccia, soprattutto quando si ha paura di annegare nella mediocrità della rabbia.

Il pensiero non lo si vorrebbe mostrare, ma non si può nemmeno tenerlo confinato.

Per capirlo bisogna avere frequentato i paradossi, gli ultimi, i dannati della terra, per dirla con Frantz Fanon. Oggi i miserabili non sono quelli senza denaro, ma quelli che non hanno opinioni e hanno perso il rispetto.

Le periferie del mondo insegnano a non arrendersi a nessuna ingiustizia, a nessun male, il resto è pasto per i tracotanti che professano il bullismo del pensiero, ovvero la sua antitesi. Pensare è la forma più alta di democrazia perché è per tutti, anche se non è uguale dal momento che ognuno se lo deve meritare: se non ci si crede poeti, almeno bisognerebbe provare a essere poesia.

Il pensiero è scrigno e piuma.

È scrigno che conserva le nostre esperienze più segrete, i difetti, le cadute, le mediazioni, le omissioni, i dolori, la storia di una vita. È in un cassetto di una stanza senza luce, un brivido mai condiviso. Il pensiero faccia e corpo, espressione e moto.

È piuma che conosce ogni luogo su cui abbiamo volato senza nemmeno saperlo, è leggerezza, è silenzio monacale che trattiene ogni timbro della nostra gioia, è sorriso fino al pianto, pianto fino al sorriso. Aleggia sopra il limite che ci ha quasi travolto, sussurra e indica l'orizzonte che ci salverà perché ha il sapore della libertà.

Manifestare il pensiero è espressionismo nella sua impurezza, sgarbo muto che solleva un vento scomposto per le nostre menti contraddittorie, regala un'identità sbalorditiva alle capacità di rivincita anche nelle nostre vite claudicanti. Racconta di un cavaliere che, mille volte disarcionato, si aggrappa a una staffa, mille volte mangia la polvere, per poi conoscere la rivalsa.

Scrivo queste parole ben sapendo che una tempesta, forse imprevista per qualcuno, sta scoperchiando il senso delle nostre relazioni sociali e affettive. Accade proprio in quella parte del mondo che abbiamo sempre chiamato, pomposamente, «civilizzata». Quasi fosse scritto nelle più fosche previsioni, fa emergere, ancora una volta, quella sicumera che si possa vivere senza pensare.

S'avanza lo sconforto del vedere quanto consenso riesce a raccogliere l'odio, il disprezzo per l'altro. I condottieri odierni posseggono le vie della comunicazione, della persuasione: per arrivare a manipolare le coscienze, basta che estorcano loro ciò che hanno di meglio e di unico, il pensiero.

Quando credevamo di aver conquistato la libertà, ci siamo rilassati e fatti bastare qualche puparo dell'etere e gli abbiamo regalato l'anima. Freud diceva che l'uomo ha sempre barattato la sicurezza con la felicità: dopo un secolo e mezzo per molti quelle parole sono rimaste come foglie al vento d'autunno. La lezione non cambia: basta seminare il terrore per giustificare i tiranni. È imbarazzante sapere che nel 2025 la metà dei giovani inglesi vorrebbe un dittatore come leader politico.

Proprio per questo occorre, oggi più che mai, difendere in ogni modo la libertà di pensare. Non possiamo permetterci di tornare a scambiare la schiavitù della mente con una manciata di comodità. Il mondo ha bisogno di giovani coraggiosi che capiscano in quale orrenda gabbia si voglia imbrigliare il loro talento per ridurli a *followers*.

Il Manifesto del pensiero deve essere ancora scritto, perché la generazione dei padri e delle madri il suo l'aveva tracciato sulla sabbia.

Credo che ogni adulto onesto dovrebbe riconoscere di aver lasciato spazio a chi diceva che le tecnologie da sole gli avrebbero permesso di essere ciò che desiderava.

Solo con un nuovo pensiero si rigenererà e potrà immaginare orizzonti inediti e meno conformisti. Ci vorrà estro e fatica, e non potrà mai diventare un mantra per tutti. I cambiamenti nascono dalle minoranze, dalle avanguardie, da individui che poi, a volte, riescono a trasferire la loro ispirazione alla gente.

Oggi scrivo con l'ansia che s'accompagna alla consapevolezza che le democrazie si colpiscono a suon di dazi, si lacerano con gli egoismi, si detestano come amici traditi. Ma non sono le economie che marcheranno i cambiamenti, quanto la mancanza di fiducia che mina le alleanze. Da soli si cammina però non si procede, nemmeno una superpotenza può farcela. Scopriamo l'importanza del pensiero libero solo quando prendiamo coscienza della sua labilità. Il pensiero fa paura perché è lo strumento che permette di prevedere cosa potrebbe essere letale per il nostro futuro.

Il pensiero salva il pensiero, la sua libertà, il suo arbitrio. E se capiremo, in un domani ormai prossimo, che le vittime designate sono proprio le nostre facoltà intellettive, allora chi ama la libertà e non permette a nessuno di estorcerla dovrà immaginare una nuova Atlantide dove poter crescere creature non ricattabili, che trovano nella diversità la propria forza. Questa volta non sarà un'isola immaginaria in mezzo a un oceano, ma qualcosa che farà crescere ognuno proteggendolo dal naufragio della propria mente.

La nuova Atlantide significherà intatto luogo del pensare per le avanguardie, per gli eretici, quelli che non si piegano a indossare la stessa maglietta. Nuova Atlantide, monumento, immagine, mobilitazione. Lì sarà affisso il Manifesto, si leggeranno poche semplici parole: «Non mi avrete mai come volete voi».

Scrivo ora del diritto di pensare proprio perché netta, come non mai, sembra l'assonanza, nemmeno fosse stata scritta da un poeta maledetto, tra innovazione e autodistruzione. Mi sembra finalmente chiaro quanto pericolo si stia accumulando di fronte a noi tutti, anche quelli che fanno finta di non accorgersene. E siccome credo che nella vita sia sempre più pericoloso omettere che sbagliare, adesso tocca a noi – noi generazione dell'autoreferenzialità, della storia non capita, del futuro comunque garantito – reagire con dignità. Per farlo occorre prendere un lembo di ciò che abbiamo dimenticato, riportarlo fra le labbra per succhiarne il senso. Saprà di lutto e di speranza. Il lutto di chi sente su di sé «l'ardua pioggia», per dirla con Dylan, che ci sta bagnando, ma anche la speranza, perché le tempeste riescono a essere perfino salvifiche, puliscono, rischiarano l'orizzonte, rafforzano la visione più estrema che si teme perduta.

Oggi per essere realisti occorre ritrovare una forza rivoluzionaria che non ammette il dazio sul pensiero. È un risarcimento che dobbiamo e ci dobbiamo. Ammettiamo che qualcosa sia andato storto: ricominciare non significa sconfitta, ma riconquistare il coraggio delle idee. Come in un dizionario dove si scova un termine che improvvisamente illumina e chiarisce, il pensiero va scovato tra cumuli di parole desuete e appassionanti.

La bellezza è ricerca, il pensiero il suo unico, magico linguaggio.

PEFC
PEFC/18-32-03

Certificato PEFC
Questo prodotto è realizzato con materia prima da foreste gestite in maniera sostenibile e da fonti controllate
www.pefc.it

Mondadori Libri S.p.A.

Questo volume è stato stampato
su carta HOLMEN
con fibra vergine proveniente da foreste sostenibili holmen.com/paper
presso ELCOGRAF S.p.A.
Stabilimento - Cles (TN)

Stampato in Italia - Printed in Italy